おひとり
京都冬のぬくもり

京都 KYOTO 冬季遊

柏井壽

王文萱 譯

本書為《一個人的京都冬季遊》的改版書

目次

第二章　散步京都大街

第三章　冬季味覺饗宴

地圖製作 ————
デマンド DEMANDO

推薦序

京都的似水年華

——建築作家　李清志

從今年暑假開始，我不斷地埋首書寫京都，在夏天兩個月之間，我連續去了兩趟京都，京都像是一位氣質絕佳的戀人，那麼親近又那麼遙遠，每次都以為自己已經很認識她了，可是每次相處會面後，又覺得她是如此神祕、如此有距離，然後我會繼續前往探索，希望自己可以真正了解她。

在書寫京都的過程中，我甚至覺得自己是遺傳了父親對京都的愛戀，我的父親在十四歲時就前往京都念書，他的青春期都在這座城市度過，我覺得我是延續了他的京都記憶，繼續前往這座城市，看著同一條鴨川的流水、欣賞同一株櫻花的燦爛，也呼吸著同一座森林的空氣，然後譜寫同一張京都的記憶地圖。

京都真的是一座奇妙的城市，不論你去了幾次，總是會有一種想再回去的衝動，特別是季節的變換之際，京都就會開始在內心召喚著你，猶如一種魔法般，讓你不知不覺回到那座千年之城裡。特別是春天櫻花盛開，亦或是秋日紅葉燦爛時節，我就會像候鳥般，飛向遙遠的京都，投入這座城市的懷抱。

這幾年我對這座城市的熱愛，已經超越季節的限制，即使是酷熱的夏日，或是寒冷的嚴冬，都不會阻擋我前往京都的熱情，甚至我慢慢也愛上了不是旺季的京都，讓我可以更深入了解欣賞京都的美。

柏井壽書寫的京都，分為春、夏、秋、冬四個季節，這是生活在京都的人可以深切體驗到的，住在京都特別可以感受到四季變化的季節感，這樣的季節感表現在自然風景的變化，同時也呈現在料理店的菜單上、店鋪掛的門簾上，以及熱鬧多元的節慶活動上，每個京都人都很清楚時令節氣的變化，感受到一年的時光逝去，那是一種實實在在的存在感。

雖然如此，不過令人覺得詭譎矛盾的是，京都同時也是一個時間靜止的城市，在京都這座城市裡，存在著許多時間靜止的空間，不論是百年町屋咖啡館、或是澡堂餐廳、枯山水庭園等，都叫人感覺時間的靜止，好像是回到歷史的時空裡，有時候我會覺得哲學家萊布尼茲所說的「平行宇宙」其實是存在的，在這座城市裡同時存在著許多不同年代的空間。

在二〇〇〇年時，我陪著父親去參加他的同學會，那是父親最後一次去京都，他們在櫻花樹下聚餐敘舊，然後他帶著我去看他以前同志社大學附屬中學的校園，那些早年宣教士設計的典雅教堂、校舍，依然完好保存。我覺得父親回到他以前的校園，似乎又回到他的少年時期，一個台灣少年在京都的日子，然後我看見他的臉上展露出一種少年般的笑容，我覺得他似乎已經回到過去的時空裡。

我一直覺得父親十四歲就到京都求學，對於一個不大不小的少年而言，面對一座完全陌生的大城市，舉目無親，一定有許多心酸與無助，感覺孿可憐的！但是這幾年我越來越深入了解京都，愛上京都，慢慢覺得人生中，若是有一段時間可以在京都生活，其實是非常美好的！特別是一生中最重要的年少青春期，若是能在京都度過，那將是一輩子都會記得的美好回憶。

柏井壽的京都書寫，不經意地透露著京都生活的美好，那是從點點滴滴的生活細節流露出來，充滿著一種類似普魯斯特「追憶似水年華」的書寫，讓人感受到京都生活的優雅與美好。

京都的四季各有不同的美感，隨著年紀與心境的不同，對於季節的喜好也不同，冬天的京都可能是我最陌生的京都，特別是降雪的京都，我竟然從未遇到過。藉著柏井壽這本書，讓我可以開始試著去了解京都冬日的美，或許有一天，我也可以遇到京都的冬雪，真正去體驗白雪覆蓋，冷峻但純潔的京都之美！

前言

凝望素顏的京都

玄冬。這是用來表達冬天的詞彙當中，我最喜歡的一個。

玄表黑色，而冬，是白色的。

——冬天在於晨。降雪時不必言，有時霜色白皚皚，或是無雪無霜卻極寒時，趕忙生起火，搬運著炭分送，更合時宜——

這是清少納言在《枕草子》當中記載的平安時期冬天景色，而這份景色現今仍存在京都。平時豔麗多彩的京都，到了冬天則是簡樸的單色調。卸下了春秋的濃妝，冬日的京都，顯露出了素顏。

十二月十三日。京都是從這天開始迎接新年的，這天便稱作「事始」。在花街，藝伎及舞伎們口中一面道著「恭喜呢」，一面忙著四處拜訪道賀。這熱鬧的氣氛，也傳到了洛中，人們互道著：「恭喜呢。」

京都的冬天，極為嚴寒。也許盆地特有的這份嚴寒實在太駭人，這是一年之中觀光客最少的季節。既然如此，京都便不用再裝模作樣扮演京都，總算可以喘口氣，恢復素顏。與其說不用在意觀光客的視線，還不如說，根本沒有餘裕在意了。可見對於京都人來說，冬日生活中的各項行事，是多麼繁忙又緊迫。

結束了「事始」，總算要專心準備迎接新的一年到來。對於將「日常」與「非日常」分得極為清楚的京都人來說，迎接新年是少數的「非日常」時分。

不過，為了迎接新年，便得送走舊的一年。抱著感謝的心情，送走舊年，是京都人的工作。因此在這個時期，會舉行「針供養」[1]。

在家中內外擺上新年裝飾、製作年菜、準備迎客等等，人們平時就算把荷包顧得緊緊的，也會在此時大方了起來。還更一鼓作氣，前往觀賞「吉例顏見世興行」[2]。

緊接在享樂之後的，是大掃除。總算要迎接新的一年了。

到「八坂桑」行「白朮詣」、到附近的神社行新年第一次的參拜。用虔誠的祈禱來度過佳節好日。用七草粥、小豆粥來撫慰新年的疲累，初釜、初觀音、初弘法、初天神[3]，新年的各種第一次，陸續到來。

到了另一個跨年時分，也就是「節分」[4]時，柊樹及沙丁魚扮演主角，除去一整年的穢氣。「初午」[5]這天則要參拜稻荷大社，享用稻荷壽司。節目一個又一個，接連不斷。

就在人們四處奔走的同時，梅花綻開了，飄散出馨香。

賞梅，是京都人的樂趣。櫻花帶來了旅人們，而梅花沒那麼熱門，特地前往北野的「天神桑」[6]或是「京都御苑」的梅林，陶醉在芳香之中，是京都人迎春的方式。

玄白色漸漸染上桃紅、接著轉為櫻色這段短暫的季節，便是素顏的京都。過了這季，京都就像舞伎在唇上抹紅一般，開始妝點了。

若想凝望素顏的京都，便要把握十二月中之後、直到跨過節分的這段期間。

一面因寒冷而打顫，一面以冬天特有的味覺來為心底加溫。這便是冬日京都的暖韻。

1 將家中一年來用過或折斷、生鏽的縫紉針拿到神社供奉。

2 詳情請參考第一章第一篇「十二月——京都的『師走』」一文。

3 初釜，指新年過後第一次開「釜」，意指舉行茶道的茶會。初觀音，指一月十八日。每個月十八日為觀音的「緣日」，「緣日」是指神佛的顯靈、得道等與神佛有緣之日。「初觀音」是指新年第一次碰上的觀音緣日。初弘法，弘法大師的緣日為每月二十一日，此處指一月二十一日。初天神，「天神」指被尊為學問之神的菅原道真。天神緣日為每月二十五日，因此此處指一月二十五日。

4 「節分」指四季第一天的前日，尤其多用來指立春前一天。

5 二月最初的「午」日。

6 此處指「北野天滿宮」。

第一章

冬日京都 日日月月

透過日常生活來點綴京都的，就是「日日月月」的各種行事。由春天開始，夏、秋、冬，巡過了一年四季。

隨著季節更迭的，不僅限於京都而已，日本各地皆然。話雖如此，還是有些季節性，是專屬於京都的。在京都，有許多行事只要做了，就能讓人感受季節的到來。

秋冬的界線，一年又一年曖昧了起來。若以二十四節氣來說，過了「霜降」、到了「立冬」，應就是冬天到來了，但在現今，到了這個季節，人們卻好不容易才盼到了紅葉。附帶一提，進入十二月才顯露的紅葉，可能還是讓人覺得季節有些不對吧，比起十一月，鮮少旅人會來遊賞。如果能調整一下心情，其實初冬的紅葉，反而是意外的好景色。

總而言之，早冬與晚秋交疊的十二月之旅，正可窺見京都以素顏度過的各種行事。隨著新年來到，則能綿密地感受到京都的妝容越來越濃。接著進入二月，節分、賞梅，京都的扮相越來越豔麗，直至櫻花盛開。

冬日京都，就在這每日的緊湊變化當中。

十二月——京都的「師走」

吉例顏見世興行

時間是進入「師走」[1]之前的十一月底。位置在四条與川端交叉口的東南角。「南座」（地圖I）架起了稱作「MANEKI」（まねき）的看板，上面用黑色的勘亭流毛筆字，寫著在「吉例顏見世興行」登場的演員名字。京都人們看到這個看板，便知道「師走」的到來。

無論是已經買到票的人，或是心中期盼哪天能夠觀賞、卻忙得無法實現願望的人，都懷抱著同樣的想法，望著「MANEKI」。那就是：「啊，一年又過了。」

即使這個時期如何繁忙，顏見世可是一年一度呢。無論自己欣賞的演員是否參加演出，都會令人忍不住想前往觀賞。想帶著便當，佔個在花道[2]旁邊的位置，高喊著演員的名字。

「顏見世」的第一場演出是在十一月的最後一天，最後一場是在十二月二十六日。這一個月之間，位於四条川端「南座」前的人行道，分別在上午十點、下午三點半、晚上九點過後，一天三次，人聲鼎沸。尤其是進場及散場的來客同時聚集的下午三點過後，最是擁擠。中午及晚上的演出，都長達五小時，因此考慮在何時吃飯、吃些什麼，也是令人開心的煩惱。

菱岩

中午的演出，人們大多是吃便當。尤其是帶著名副其實的「幕之內」便當，隨興地在換幕時享用。專營外燴的名店「辻留」（地圖H㉛）、「菱岩」（地圖H㉝），都會在這個時期配合顏見世製作便當。可事先預約，前往取貨。愉悅地望著「MANEKI」看板，帶著便當前往座位，師走的忙碌都被拋在腦後了。

重點在於晚上的演出。欣賞後的亢奮感是很獨特的。更別提欣賞的可是「吉例顏見世興行」呢。和中午一樣吃便當，也沒什麼不好的，但演出結束後，趕忙抵達自己時常造訪的店家，更有一番滋味。

這附近美味的店家，擠滿了來客。人們邊道著戲劇的餘韻，邊酌上一杯，若能再享用個壽司，可說沒有比這更奢侈的了。

「祇園 松田屋」的江戶前壽司

出了「南座」後一路往東。通過大和大路、繩手通，走一段之後，可穿過小鋼珠店走捷徑。「壽司松本」（地圖H㉞）就在眼前。點餐截止時間是晚上九點。若事先預約說明來由，匆忙趕到，店家也會諒解吧。

或在同一條路上的「祇園 松田屋」（地圖I㊹），也是極少數能在京都享用江戶前壽司的地方。在這裡，享用好味道、接受默契相合的夫婦的款待，適才高昂的心情，也能漸漸和緩下來。

顏見世興行的特別座位票價要兩萬七千日圓，但最便宜的四等席，只要五千五百日圓，也很能享受到氣氛。既然造訪師走時期的京都，那麼打開「南座」的大門，也是一種樂趣。

尤其是大約在十二月上旬，日期並無特定，有一項稱作「顏見世花街總見」的行事。這是從前為了壯大顏見世的聲勢而開始舉行的。市內五花街[3]的舞伎、藝伎們分批前往觀賞顏見世。舞藝伎們觀賞名演員的演技，不僅能增進自己的技藝，還為包廂座位增添華麗的氣氛及色彩。若運氣好碰上這個日子，關於顏見世的印象會更華麗多彩吧。

事始

十二月十三日，是為「事始」，正如其名，京都的新年從這天開始。在祇園花街，舞藝伎們會四處造訪老師們，答禮致謝。她們口中道著「恭喜呢」，讓人早早就感受到新年的喜氣了。「事始」的「事」，指的是「準備迎接新年」。

在西陣一地的傳統商家也有著同樣的習俗，分家會帶著「鏡餅」[4]到本家，表達過去一年來的感謝之情，慎重地致意。

電視或報紙常會報導花街的這項習俗。大多是報導舞藝伎們造訪京舞[5]的當主井上八千代，並且拍攝弟子們所送的鏡餅擺設起來的樣子。家元會親手遞上扇子來當作回禮，鼓勵弟子們新的一年要更為精進。

提早舉辦這般華麗新年行事的，不只有花街而已，聽說在京都人之間也會舉行，但我記憶中不曾遇上過。不過在事始這天之後，有一句話突然四處盛行，我想這句話應該只限於十二月吧。

「おことうさんどす」（O KO TOU SAN DO SU）。這句話現在已經不太常聽到了，但至少在我小時候，就像是必定出現的台詞一般，十二月的京都，四處可聽聞這句「京都方言」，是由「事真多啊」（おことうさん）這句變化來的。為了準備新年，「事」（こと）特別多，所以人們用這句話來互相慰藉。

新年的準備和其他事情不同。忙碌歸忙碌，但又帶著些許清閒，也許因為這樣，人們道這句「おことうさんどす」的時候，必定是露出笑容的。

正如這句話消失了一樣，有個習慣現今也幾乎見不到了，那就是事始時期，民家的玄關門口總會貼著一張看似奇怪的紙。

這張裁成長條狀的和紙，上面只寫著「十二月十二日」，並且上下顛倒被貼在玄關的大門旁。而且大多只會貼很短暫的期間，直到被新年裝飾取代為止。

十二月十二日，正是那位大盜石川五右衛門[6]逝世的日子。因此民間有個信仰，說是把這張紙倒著貼，就能防盜賊。可能是年關將近，許多人手頭吃緊，到了年底警戒盜賊的心情就表露了出來吧。不過現今，人們貼的卻是保全公司的貼紙。從前的這些習慣，總讓人覺得很有風味，不像現在是帶著恐嚇之意的。消失真是太可惜。

掃灰炭、拭神像

在這繁忙時期，最大的難題就是大掃除了吧。和其他地方不同，洛中的大掃除，不是等到年底才開始的，特色是幾乎和「事始」一同開始。

報紙上會大幅刊登寺院大掃除的消息，像是要催促街上的人們記得掃除似的。那就是「掃灰炭」以及「拭神像」。

東西兩間本願寺（地圖J、L），是在堂內的塌塌米上敲著竹棒，然後用大圓扇把飛起來的灰塵搧呀搧，搧到庭院當中。這景色看起來十分有趣。或是宇治萬福寺（地圖Q）的掃灰炭、東山三十三間堂（地圖K）的拭神像等等，都是新聞報導的常客。

這些報導是非常有效果的。看到寺院那麼努力地在打掃，人們也像是被推了一把，挺起腰桿，奮力打掃。也就是說這些寺院做了很好的示範。

大掃除也有順序。二十日左右是本願寺的掃灰炭，二十五日是知恩院（地圖H）的拭神像，年底放假來臨前後，則是宇治平等院（地圖Q）當中鳳凰堂的拭神像。每次見到電視上的報導，與自己家中情景相比，人們就更急迫著打掃了。

隨著師走的到來，寺院與市民的距離，也拉近了許多。平時作為信仰對象所崇敬的寺院，到了年底，與市民們同樣都要進行大掃除。這便是讓人感到親近的原因。

煮蘿蔔

從事始往前推，十一月底到十二月十日左右，京都的寺院會煮白蘿蔔，並且請參拜者們享用。這就是「煮蘿蔔」的行事。至於由來，有各種說法，每個寺院的樣子也有些不同。

離我家最近的是「大報恩寺」，也就是一般通稱的**千本釋迦堂**（地圖E）。在本系列書籍中時常提及。這裡煮蘿蔔的起源是在鎌倉時代，此寺院的慈禪上人受到釋迦牟尼頓悟成佛的感化，因此煮蘿蔔款待參拜客用以除厄運祈福。

這個寺院「煮蘿蔔」的特色在於使用了「聖護院白蘿蔔」。「聖護院白蘿蔔」是具代表性的冬日京都蔬菜，長得又短又小、圓圓滾滾，形狀類似蕪菁。我書寫至此，好奇是否現今仍使用這個少見的食材呢？詢問之下，原來如此……真是可惜呢。說是現今普通的白蘿蔔用得較多。不過仍然保有在切口上書寫梵文的習慣。

那麼大鍋煮成的白蘿蔔，效能又如何呢？

「不好好吃可不行呢。能夠避免中風啊。」

祖母總是這樣說。當時仍是孩童的我，一心只是貪吃，這才突然想起從前曾經疑惑，「中風」是什麼呢？

中風又稱中氣，是腦血管障礙的後遺症。可能是指被不好的風所打中，造成半身不遂吧。也就是說，食用蘿蔔可以預防腦部疾患，不過一心想著究竟是不是真有效果，也太俗氣了。但可能有很多人都會這樣想吧，所以現在的說法變成了只要吃蘿蔔，就能預防感冒。這也讓人感受到了時代的變化。

另外還有一間煮蘿蔔，比「大報恩寺」晚個一、兩天。位於嵯峨鳴瀧的了德寺（地圖N），這裡的煮蘿蔔也是京都人很熟悉的。

可能因為了德寺與煮蘿蔔的關係太密切了吧，說來有些失禮，這裡一般被稱作「煮蘿蔔寺」。不過真要說起來，這間寺甚至可說是因為煮蘿蔔而開始的。

起源是在鎌倉時期。親鸞上人從愛宕的寺院回程途中，到這裡的鳴瀧一地講佛，村人們為了表達感謝，獻上了用鹽煮的蘿蔔。因此現今只有供奉給聖人木像的蘿蔔是用鹽煮的，請一般參拜客的則是用醬油煮的。經過八百年的歲月，人們將事情分做不能更改的、以及變更也無妨的，並且傳承下去。這正是京都應有的姿態。

「煮蘿蔔」的寺院還有一間。離了德寺不遠的地方，同樣是位於鳴瀧的**三寶寺**（地圖N）。由於日蓮上人的忌辰大約是在新曆十二月初左右，因此這裡是在十二月第一個星期六日舉行。這裡離洛中距離頗遠，請一定要事先洽詢。

附帶一提，三寶寺的煮蘿蔔，據說能夠潔淨一整年的罪及汙穢。滿是污穢的我，無論如何還真想前往。

市集享樂

若想造訪京都的市集，主要的就有以下好幾個。

一、人稱「弘法桑」的**東寺**（地圖L）弘法市——每月二十一日，約有一千兩百～

一千三百家店舖。

二、人稱「天神桑」的**北野天滿宮**（地圖E）天神市——每月二十五日，有一千家以上的店舖。

三、**知恩寺**（地圖C）手作市集——每月十五日，內容從食品到工藝品皆有。

四、**上賀茂神社**（廣域地圖）手作市集——每月第四個星期日，約兩百五十家店舖。

五、**因幡藥師**（地圖J）手作市集——每月八日，約四十家店舖。

其他還有我沒去過的市集，但總不能介紹自己沒去過的吧。以上列的，每個都是去了不會令人後悔的。

一、二項和第三項之後的，內容有所不同。前者設攤的是專門業者，後者則是以業餘的手作產品為主。

說到京都的市集，首先必須提的就是東寺的弘法市，以及北野天滿宮的天神市。

這兩個分別都是在弘法大師、天神的忌辰舉行，前者是在二十一日、後者是在

「嗯——，家裡什麼都還沒收，你要去天神桑嗎。真閒哪。」
雖然不說上個幾句不行，但妻子也知道這是阻止不了的了。
老夫老妻的對話就這樣告一段落，丈夫雀躍地前往「天神市」了。

*

「天神市」裡的攤販配置，從以前至今不曾改變。在神社境內東側通道上，以及夾著石牆與境內通道平行的道路上，這兩條路上的攤販交會後，從東門前的廣場往北，再往神社之外的北側延續下去。雖然多少有些例外，但從今出川通開始，古道具或骨董在攤販上依序從高級品漸漸擺到粗糙品。

從今出川通開始往北，立刻會見到兩間以古伊萬里[7]聞名的攤販。蕨手唐草、花唐草、瓔珞紋，排滿了讓愛好者們垂涎三尺的藍色器皿。這裡的標價讓人覺得完全不像是路邊攤販該有的商品，但這便是展現手腕、唇槍舌戰的開始了。

雖然不比從前，但畢竟是年末，這裡或多或少展現出人情，讓人能夠省些錢好過年。與其他月份比起來，比較好講價。這便是「終天神」的樂趣。

二十五年以前的事情了吧，我曾留意到一個畫著「寒山拾得」[8]的圖案、很精巧的中鉢，我無論如何都很想要。這個美麗的器皿看來應該是藍九谷，價格也很相當。但若立刻出手，那就是外行了。為了不被看穿，我拿起旁邊明治時代的東西，看了看標價，是個鮮豔的鈷藍色印刷圖樣大鉢。大小是前一個鉢的一倍以上，但價格是十分之一以下。是個容易購買的價錢。我決定首先用這個來講價，接著才一決勝負。即使我根本一點都不想買它。

雖然我無法斷言所有的店家皆如此，但一般的標價大概估計都可殺個兩成，這就是市集的攤販。不出所料，我在大概殺了快兩成的價時，拿出錢包作出成交的樣子，然後假裝突然一瞥，拿起了心中想要的那個器皿。

此時攤販主人的臉色一變。價格普通的明治時代器皿，可以放手隨意賣，但精巧的器皿可不行了。識貨的人出現，而且還拿了起來，這種機會可不多。他像是不想放過這個機會一樣，述說這個器皿有多好、進貨價有多高，而這個標價和市價相比實在是太便宜了。

我裝作一副完全沒興趣購買高價器皿的模樣，但又表現出老闆這麼推薦，好像也可考慮看看。攤販主人此時腦中一片混亂。他想著只要再推銷一下，搞不好可以賣出去了，這麼一來，銷售額便能一口氣漲上十倍。老闆的眼神變得認真起來，再一下就成了。我把精巧的器皿放回原位，再度拿起明治時代的器皿。此時重要的是要嘆一口氣。我雖然沒有吐露隻字片語，但嘆氣展露出這樣的心情：「我雖然也很想要，但本來就沒這個打算，今天就此收手吧。」既然是在「終天神」上，這樣的心情必定能傳達給攤販主人的。

「今年的市集就在今天結束啦……。你有興趣的話，我算你半價吧。」

老闆心中也許大意，沒想到會馬上賣出，但又抱著若能賣出實在幸運的心情，所以才不小心說溜了嘴。我當然不會放過這個機會。「好，我買了！」

正因為這番經過，我家廚房裡收著這個「寒山拾得」的中鉢，客人來訪時，成了不可或缺的器皿，讓人欣賞到它美麗的姿態。

每當年末，報紙上出現「終天神」的字眼時，我就會想起這個器皿，然後從廚房拿出來，心滿意足地欣賞著。

自尊心高的京都人，平常是不殺價的。因為覺得抱怨賣家所決定的價格是不入流的事情，但可能是這種態度的後座力吧，京都人在市集上的殺價方式可是很犀利的。我心中浮現了攤販老闆的苦笑。

造訪京都時所買得的古物，想必值得長久玩賞。

知恩寺的手作市集

另一種是手作市集。和前面兩大市集相較，規模小多了。就來看看知恩寺（地圖C）的手作市集吧。

知恩寺，許多京都人通稱為「百萬遍」。這個詞同時也用來指東大路通及今出川通的交叉口。在同一條路的南邊，也就是三条通再往南的地方，另有一間知恩院，為避免混淆，所以人們特意不稱它為「知恩寺」。因為距離不遠吧，例如坐計程車時，如果告訴對方要去知恩寺，一定會被反問：

「知恩寺？是寺嗎？還是院呢？是哪一個？」

因為要解釋實在太麻煩了，所以我會直接告訴對方「百萬遍」，然後補上一句「往東行在山門前下車」。

知恩寺

一站在門前，場內的熱氣就傳了過來。人聲鼎沸，笑聲還不時傳到場外。如果是一般的商店還不至於如此，但遇上市集，就讓人迫不及待了。心中自然覺得一定會挖到寶，不想被別人搶走吧。我穿過門，從人群後探頭一瞧，好像是一個受歡迎的手工人偶攤位呢。

這些不算是傳統的伏見人偶[9]，是用土捏成的純樸人偶，許多做成了隔年生肖的造型。雖然是業餘的手工作品，但可稱得上是半專業的作家了，而且是位年紀很輕的女性。她接待客人的方式也很專業。我雖然心動了，但這才剛走到入口呢。等全部看完再來買也不遲。

雖說是手工作品，但這些不輸給專業的業餘作品，價格也不斐。我一面物色，一面心想是否能喊價呢，結果就碰上了購買手染圍巾的客人正在殺價。四千圓的青藍色草木染圍巾，客人問買兩條是否能打對折，也就是說兩條算四千圓。綁著武士頭、滿臉鬍子的攤販主人，毫不猶豫地表示，再怎麼便宜也只能算兩條六千圓。回應得真不錯呢。結果這位大嬸找了朋友一起來，問說若兩人各買兩條，是不是能算八千圓。攤販主人苦笑著回答說：「那就一條兩千五百圓吧。」最後大嬸用五千圓買了兩條，和朋友一人一條。

像這樣你來我往的應對，有時也會有其他人來附和參一腳。有時是隔壁攤位的主人、有時是常客。這種溫和愉快的悠閒氣氛，是手作市集才有的。

咖啡豆或洋菓子、家鄉味的佃煮，這類販賣食品的攤位總聚集了許多人。不過這個市集在擺攤的賣家之間也很受歡迎，每個月都是由抽選決定攤位的，所以若不到現場，是不會知道當月賣些什麼的。這也是逛市集的另一種樂趣吧。

附帶一提，知恩寺還會舉辦另外一個市集，那便是「秋日古書祭典」。是在每年十一月初左右，「文化之日」（國定假日，十一月三日）的前後幾天舉辦。攤販不只在寺院境內，從百萬遍交叉口開始，穿過山門一路往東都排滿了古書店的攤販。現場也會舉辦慈善義賣等活動，喜歡古書的人絕對會心動。可能因為這裡鄰近京都大學吧，附近原本二手書店就不少。若是在秋天以外的季節造訪，那麼逛逛「手工市集」也頗有樂趣。

滿月：阿闍梨餅

每次造訪知恩寺，有間店我一定會順道前往。那就是以「阿闍梨餅」知名的「京菓子司　滿月」（地圖C①）。

我在二〇〇三年出版的拙作《京都的價格》（京都の値段）當中介紹了之後，（據店家所表示）銘菓「阿闍梨餅」突然竄紅，現今成為了京都必買的伴手禮，非常受歡迎，還必須排隊購買。其實本店就在知恩寺附近。

由百萬遍的交叉口，有條往西北方延伸的窄路，也就是前往出町柳車站的路。順著向西行，遇到鞠小路通便往北轉，馬上就會到達「滿月」的本店。當然來這兒購買「阿闍梨餅」也很不錯，如果剛好碰上星期六日或假日，請一定要試試名稱與店名相同的銘菓「滿月」。這款菓子產量很少，只在週末及假日於本店販賣。最好先預約了再前往。

阿闍梨餅與最中

京都街上有許多和菓子店，但若說到商品種類稀少的，首推這間「京菓子司 滿月」了。

「阿闍梨餅」、「京納言」、「最中」以及「滿月」，只販賣這四種菓子，也許這就是常保人氣的祕訣了吧。

白朮詣

好不容易工作告一段落，接著總算來到年終最後一天了。善男信女們的目標都是「祇園桑」，也就是八坂神社（地圖H）。惜別即將離去的一年，將希望寄託給來年。人們把這樣的想法託付給火繩。火繩上面點著「白朮火」，這是從境內所點燃的神火分出來的，人們為了不讓火熄滅，將火繩轉呀轉的，踏上返家的路。

「白朮火」的「白朮」，是一種菊科植物。秋天會綻開有如白鬍子一樣的花朵。據說在漢方中被當作胃藥。燃燒起來會有一種獨特的臭味，所以也被拿來避邪。

把植物的根丟進篝火當中，點燃的就是「白朮火」。

京都人首先會將「白朮火」點到神桌的蠟燭上。讓燈火照亮佛壇之後，接著移到瓦斯爐，煮新年清晨初汲的水，大清早用來沖泡大福茶。然後用這水來煮年糕湯的高湯。

串起舊年與新年的，就是「白朮火」了。

話說回來，造訪京都的旅人，無法將「白朮火」帶回家。也沒辦法帶回旅館，不過若是居住日式旅館，也許就沒問題了。可以事先詢問旅館老闆娘或服務員。

「白朮」（OKERA）與《萬葉集》裡面提到的「UKERA」（うけら），其實是同一種植物。《萬葉集》當中有一首作者不詳的戀歌如此寫道：

——若君有戀心　請揮袖呼喚　勿似武藏野白朮　戀慕之心表於情——

如果你有戀心，請揮揮袖呼喚我。不要像綻開在武藏野的「UKERA」花一樣醒目。大概是這樣的意思吧。也就是說「UKERA」在《萬葉集》裡，是指很醒目引人注意的花。

原來「OKERA」不是指「KERA」這種昆蟲、也不是指身無分文之意[10]，而是《萬葉集》裡面的花朵。每次望著「白朮火」，我腦中就會浮現《萬葉集》時代優雅的印象。

井澤屋：束口袋「RINRIN」

既然造訪了「白朮詣」，卻又無法將火帶回家，想必會感到空虛吧。若說有什麼可以替代的，那麼我就介紹一樣可以帶回旅宿、還能在新年的清晨帶來樂趣的物品。

在我小時候，如果為了參加「白朮詣」而造訪祇園，我必定會嚷著要父母親買給我骰子形狀或鈴鐺形狀的「福箱」。裡面擺了給小孩的玩具。我每每還等不到元旦，除夜鐘聲才剛響起，就急急忙忙把箱子打開，現在想來真是令人懷念。我記得骰子形狀的是貼著金色或銀色紙的紙箱，而圓圓的鈴鐺形狀福箱，則是用像麩菓子一般軟軟的皮包起來的，開啟之後（在新年是特意不說「切開」的）會粉碎得到處都是，事後打掃很是麻煩。

從前在四条川端附近、一直到祇園的石階為止，很多店

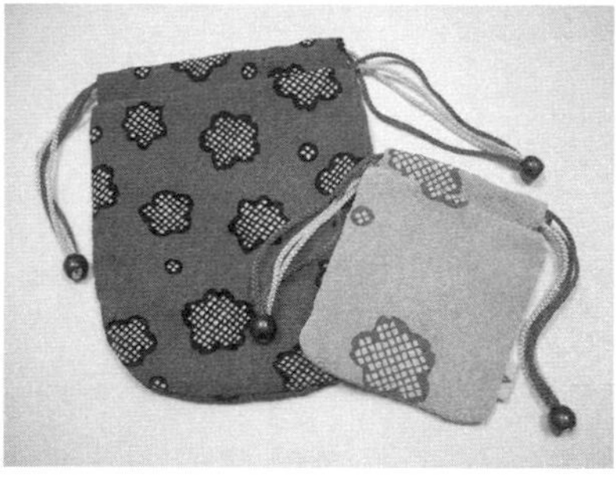

井澤屋的束口袋「RINRIN」

家都有販賣，現在不知如何了。我已經好久沒造訪「白朮詣」，但我想這個東西並沒有消失，請大家一定要買來看看。

如果連這個願望也無法實現，那至少買個適合迎接新年的伴手禮吧。

有人說新的一年如果買個新錢包，就會帶來好運，但每年都要買新錢包，太浪費了，所以很難實現。既然如此，那麼就到「南座」對面的「井澤屋」（地圖I㊵）買個連名字也很可愛的束口袋「RINRIN」（りんりん），帶著煥然一新的心情迎接新年吧。

女性可以拿來裝化妝品，男性能收納隨身小物，非常好用。

「井澤屋」有許多和服相關小物，還有生肖的開運物，以及造型可愛的各種小飾物，將店裡頭排得滿滿的。買了帶回旅館擺在床頭，必定能夠迎接一個充滿喜氣的新年早晨。

一月——京之正月

在京都，最有京都氣息的季節，那就是正月了。古老都城接二連三地舉行著傳承下來的傳統行事，氣氛莊嚴又華麗。

在一片寂靜之中，京都迎接了新年。現今雖然少了許多，不過在室町附近的商家，仍然會裝飾著以葉牡丹及青竹做成的豪華門松[11]，增添許多新年氣息。

此外，以町家格局建成的世家，會用和紙包著一對黑松及赤松，並且用水引[12]綁起來，裝飾在玄關兩側。商家的氣氛豪華壯麗，世家則氣氛嚴肅，兩者皆表現出了京都的新年。

有些書上煞有介事地寫說與東邊比起來，京都很少大規模的門松，是因為新年結束後，要將門松拿到神社供奉，是很隆重盛大的事情，但這誤會可大了。京都人的信仰心可沒有少到想要省麻煩的程度。

擁有長遠歷史的冷泉家[13]，正月的裝飾也只有用和紙包著、用紅白水引綁著的一對連著根的雌雄門松，擺在玄關兩側而已，簡單樸素。仔細地守護並傳承傳統年中行事的冷泉家，是不可能省麻煩的。

最近的京都相關書籍，品質差而且內容粗糙。必須小心那些煞有介事地炫耀錯誤知識的書籍。

的確，曾經在鴨川上空飛翔的風箏，已成往昔。有陣子三角形風箏威風凜凜地睥睨著京都的街道，現今也消失了蹤影，甚至正月在鴨川河岸幾乎已看不到孩童的身影了。

但傳統仍然延續著。如果有機會能夠在京都迎接正月，想必能夠窺見與平日不同、華麗的京都姿態吧。

初詣與初午：伏見稻荷大社

全家團聚順利迎接新年後，首先會到當地神社行「初詣」[14]。接著許多京都人會結伴造訪**伏見稻荷大社**（地圖K），祈求各種心願，生意興隆、全家平安、姻緣美滿。

有兩種路線可抵達。如果是利用JR奈良線，那麼從「京都」站坐兩站，就能抵達「稻荷」站。如果是坐京阪本線，那麼則要在「伏見稻荷」站下車。這兩個車站，都是一下車就會遇上人潮。雖然比起從前少了許多，但京都仍不愧是京都，許多女性會身著盛裝，讓新年的氣氛更顯得華美了。

許多人會先在家中享用雜煮之後才悠閒地外出，因此大概早上十點左右，人潮開始變多，下午兩點左右最盛。旅人們最好避開這個時段。如果不排斥早起，那麼我推薦一大清早造訪，心情正是舒爽，清晨的氣氛又莊嚴神聖。若在日出時分穿過鳥居，虔誠地雙手合十，那麼不妨更往深處去，前往稻荷山中。

二〇一一年迎接建立一千三百週年的「伏見稻荷大社」，是全國稻荷神社的總本社，起源於人們在這座稻荷山上祀奉了三位神明。

回到初詣的話題吧，這裡無論如何總是人潮不斷。在手水舍淨身之後，樓門就在眼前，立在門兩側的是「神狐」，左右兩隻嘴裡銜的東西不一樣。面對樓門右側的狐，銜的是玉，左側是鑰匙。許多參拜者不曾注意過，只顧著往前進。

稻荷大社原本是當地自古以來的神、與稻作之神合體而成的，因此正如其名，與「稻」的關係密切。玉是代表祀奉的「宇迦之御魂神」之魂，也就是稻之靈。鑰匙則象徵割稻的鐮刀，也有一說是米倉的鑰匙。而狐狸是稻荷神的使者，祈禱稻作豐收。

一般所謂「青色與丹色之美」，指的不只有奈良而已[15]。這裡的樓門便是如此。「青」與「丹」，也就是朱紅色，是很鮮豔美麗的。順道一提，這裡的樓門據說是豐臣秀吉所捐獻。走在京都的街上，四處可遇見秀吉的足跡。我再次體會，平安時代之後的京都，與這個都城關係最密切的大概就是秀吉了吧。

銜著「玉」的神狐

接著從樓門前往本殿。「初詣」時總是擠得水洩不通，連想投個香油錢都很困難。

不過請一定要在此捐個香油錢。因為年初的三天結束後，電視新聞必定會播報的就是「伏見稻荷大社」的香油錢統計了。身著白衣、戴著白口罩的銀行員就此開始工作。這個景象也反映出當年的經濟景氣如何。若想到自己捐的香油錢就在其中，新聞看起來也感覺不同了，有種參與其中的感受。

從本殿往更深處的東南方前進，等待著的便是有名的「千本鳥居」。提到稻荷大社，人們必定會聯想到排列在參道兩旁、緊密相連，引導人們前往稻荷山上的紅色鳥居。別說是一千座，據說這裡有著五、六千座的鳥居，上面寫著捐獻人的名字，一面讀著名字一面前進，也是一種樂趣。

穿過鳥居之後便是「命婦谷」。這裡有「奧社」的「奉拜所」，右手邊供奉著「重輕石」。這是一對石燈籠，只要一面祈願，一面將燈籠頂

千本鳥居

端抬起，如果重量比預想的還要輕，那麼心願就會成真，如果比預想的還重，那麼就不會實現。

其實不只這間神社，許多地方的神社都有這類占卜，在我的經驗當中，大多都比我預想的還要輕。這一定是我想實現願望的心情所造成的結果吧。

此事先姑且不提。這個奉拜所有特別的御守，設計很簡單，是模仿折紙的樣子，做成白狐的臉，有小小的鈴鐺聲響，又很輕巧，適合當手機吊飾。可帶上這個御守返回原來的參道上，再繼續往深處前進。

接著是在稻荷大社、甚至可說是整個京都當中最強力的「能量景點」（power spot）。這便是靜靜地倚靠在「熊鷹社」旁邊的「新池」。

別名「木靈之池」的這面池，水面上映著背後的山影。有個傳聞說若想尋找失蹤的人，只要面對著這面池拍手，就能夠在傳來回音的方向找到那個人。寂靜的這面池，瀰漫著奇異的氣息，不論是靈感強或弱的人，只要朝這面池拍手，想必都能感受到那股凜然之「氣」。

如果時間不多，那麼可在前方的三叉路往西北方前進，路經「八島池」之後返回即可。如果時間允許，而且體力足夠，那麼可以繞稻荷山一周。這座山標高兩百三十三公尺，並不算太高，但繞一圈路徑也有四公里之長。這是東山三十六峰的最南端。

京都人絕對會參拜稻荷大社的日子，還有一個。那就是二月最初的午之日「初午」。

和銅四年，也就是西元七一一年，神明在初午之日降臨伏見的稻荷山。此後，為了祈求五穀豐收，這裡開始舉行「初午大祭」。京都人在這天，將目標擺在「食」與「守」。

所謂「食」，是指在參道上的茶店享用稻荷壽司以及燒烤麻雀。

稻荷大社的中心思想是稻作信仰。燒烤麻雀，是基於把稻作的大敵麻雀吃掉的想

可眺望新池對面的熊鷹社

法而來。我的祖父是明治時代出生的，他說若要吃燒烤鳥類，那麼比起雞肉，麻雀還更好。當時正月的年菜當中也一定會有燒烤麻雀，但喀啦喀啦地連頭帶骨啃，對小孩來說是很困難的。比起容易親近、越來越受歡迎的稻荷壽司，燒烤麻雀被時代的洪流擱在一旁了。

參道上的茶屋，還有一項著名食物。那就是「狐煎餅」，帶著些許味噌味，非常好吃。還有仿效國外的幸運餅，煎餅裡面放有籤的「抽籤煎餅」，也很有趣。

所謂「守」，則是指只有在初午之日能夠求得的「印之杉」。

由來是在平安時代中期。當時人們到熊野參拜時，回程一定會參拜「伏見稻荷大社」。據說當時人們會將境內杉樹的小樹枝放在身上，當作是參拜稻荷的證明。現今樹枝成了人們祈求全家平安、生意興隆的證明，被供奉在神桌上。

初釜：幸樂屋的花瓣餅

過了正月的前三天、接著順利享用七草粥之後，等在前頭的是小正月以及初釜。京都的大路上，人來人往身著華麗的和服，正月的氣氛仍然持續著。小正月這天，原本也是成人式的日子，人們會在早晨享用紅豆粥來慶祝。有些人家會把煮粥剩下的紅豆，再拿去煮年糕。這天之後就要恢復原來的日常生活了，因此原本甘甜的紅豆，嚐起來卻帶著些苦澀。

但茶人們與街坊民眾不同，他們的正月從現在才開始。前往「初釜」的人們，表情及裝扮是多麼地喜氣洋洋呢。

提到初釜上所用的和菓子，必定是「花瓣餅」了。正式名稱是「菱葩餅」。這是平安時代的宮廷在新年舉行「固齒之儀式」時所用的菓子。到了明治時代，裏千家第十一代當主玄玄齋將其用在初釜上，其後便成了初釜時不可或缺的菓子。

牛蒡與白味噌做成的餡料，被包裹在麻糬或求肥[16]做成的外皮當中，美麗極了。從內餡或外皮染上的淡淡桃紅色，可看得出和菓子師傅的功夫。太濃或太淡都少了那股情趣，恰如其分的淡雅，便是花瓣餅的勝負關鍵。和菓子老店無不競相製作花瓣餅，每間都有光顧的常客及茶人。

這不僅是用來慶賀的和菓子，製作還很費工夫，因此價格不斐，不是能輕易品嚐的菓子。

得到許多茶人口碑、又受街坊民眾喜愛的和菓子店「幸樂屋」（地圖D③），可用較低的價格購入。

從鞍馬口通、與烏丸通的交叉口，稍微往東行，店面就在靠南側。店內還有多種和菓子。若是要購買正月才有的菓子，建議最好事先預約。

這裡的花瓣餅比想像得還不甜，細細嚼來，

幸樂屋

總覺得自己也像是茶人了。

這裡還有其他有名的菓子。店主執著於研究技術，至今為止發明了許多新創作的菓子。其中夏天推出的「金魚缸」非常受歡迎。這是帶有柔軟曲線的寒天菓子，透著清涼的藍色。菓子裡畫龍點睛的是小小的紅色金魚。這個可愛的夏日菓子讓人忍不住直盯著看，捨不得享用。這裡一年四季都不斷創作讓人看了愉悅、嚐了也開心，價格又可親的菓子，實在是間受人喜愛的菓子店。

初惠比壽

在正月初詣之後，別忘了還有一項初次參拜，那就是「初惠比壽」。對京都人來說，特別是京都的商人，這是不可或缺的行事。

從四条繩手交叉口往南，直到靠近松原通的地方，繩手通以西之處[17]，有一間**惠美須神社**（地圖Ｉ）。

一月十日。即便這間神社平時很安靜，到了「十日惠比壽大祭」的前後共五天，善男信女們便會將神社擠得熱熱鬧鬧的。參拜完稻荷大社之後，接著就是惠比壽了。京都人不斷祈願著，希望生意興隆。

我大多會參加「宵惠比壽」，也就是前一天晚上的祭典。

大和大路通在四条通以南的繩手通這段，每到這個晚上便會排滿了攤販，擠得水洩不通，因此我會避開這裡，將目標擺在川端松原交叉口。穿過宮川町的小路，便能避開人潮，抵達神社鳥居。

正月的熱鬧氣氛還未結束，因此神社境內的人們仍是心情澎湃。人們的目的之一是「福竹」。

「若要生意興隆，就帶著竹來吧！」歌聲傳來，和著熱鬧的祭典音樂節奏。

只要搖搖鈴、雙手合十祈禱，就能得到「福竹」。「福竹」又被稱為「吉兆竹」，構造上有所謂的基本配件，然後可再添加各種開運物。至於要添加什麼、加多少，就看荷包深不深了。想要祈求生意興隆，是必須付出相對應代價的。如果想把福竹裝飾得有模有樣，要有覺悟，不花上數千圓是辦不到的。

排成一列、身著神社巫女裝扮的，是「福娘」。我總是被她們和藹的笑容吸引，不小心就買了太多。「福竹」以外還有一個開運物稱作「招來人氣」，是紅色傘狀的，上面吊著金色或紅白的紙人形。小的只要幾百圓，最大的要將近三萬圓。自古以來的習俗是先從小的開始買，之後每年越換越大。每換一次，就能招來人氣，買賣也能越做越大。

買了「福竹」離開神社之前，還有一樣必定要做的事情。那就是呼喚惠比壽神，直接和祂許願。

拜殿的側面一角，貼著一塊板子，還掛上了注連繩[18]。只要用拳頭或手掌敲敲板子，發出很大聲響，就能告知惠比壽神有人來訪。惠比壽神以長壽聞名，耳朵也不好，因此為了讓祂知道有人來參拜，就必須敲板子。這個習俗讓人不禁想微笑，真不愧是福神

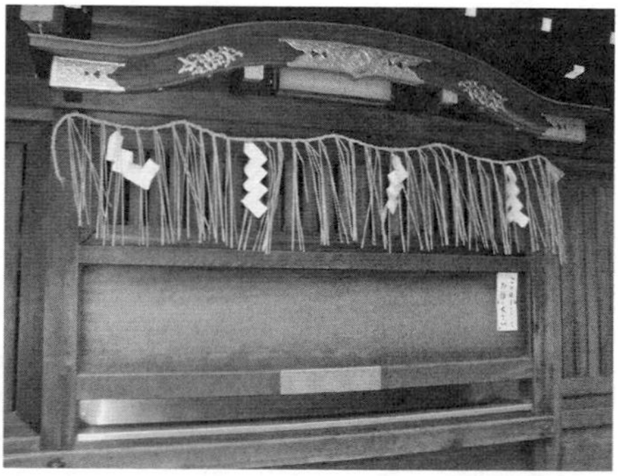

告知惠比壽神來訪的板子

哪。

「初惠比壽」的這天，只能單向行進。因此我從後方離開了神社，踏上歸途。

七福神巡禮

若只參拜惠比壽神，那麼其他福神們可會不開心的。當然也不一定如此啦，但總之「十日惠比壽」結束之後，京都人會到各處參拜「七福神」。

不同的地域或傳說，所指的七位神明也有所不同，在京都，七福神大概都是指從惠比壽開始，接著是大黑天、毘沙門天、辯財天、福祿壽神、壽老人、布袋。

「都七福神」巡禮，據說是日本最早的七福神參拜活動。每到這個時期，巴士公司也會推出一天造訪七座社寺的旅遊活動。

惠比壽神當然就不用說了，就在「惠美須神社」。大黑天在松之崎的**妙圓寺**（地圖B），毘沙門天在**東寺**（地圖L），辯財天在**六波羅蜜寺**（地圖I），福祿壽在**赤山禪院**（地圖B），壽老人在寺町的行願寺（革堂）（地圖F），布袋尊在宇治的萬福寺（地圖Q）。

雖然宇治遠了些，但想在一天之內全部巡完也不算太難的事情。首先往北搭乘地下鐵烏丸線，由「松之崎」站開始巡迴七福神，比較順路。最後當然是宇治的「萬福寺」。既然在此結束，那請一定要試試這兒的「普茶料理」。該怎麼說呢，在所謂的素食料理當中，「普茶料理」算是非常好吃的。

請想像中華料理風格的素食。特色是比起日本的素食，更有滋味、更濃厚。可惜正式的套餐要三人以上才能享用。若是一人前往或兩人同行，只能點三千元的「普茶便當」，不過也已經很美味了。

這是個豪華的松花堂便當，附上稱作「壽免」的湯汁，還有點心。只要想著佳餚就在前方，那麼在京都東奔西跑也不覺得疲累了。

泉涌寺：七加二福神巡禮

如果覺得以上行程太大費周章，那麼有個規模恰好的「七福神巡禮」，就在京都市內。那就是洛東的名勝**泉涌寺**（地圖K）。只要依序巡完山內的塔頭[19]，那麼不只七福神，而是得到了九福神的保佑，可不能錯過。

泉涌寺位於東山三十六峰之一的月輪山腳下，是宮家的祭祖寺院，非常正統。搭乘JR奈良線或京阪電鐵本線，都是在「東福寺」站下車，只要步行十分鐘就可到達大門。穿過大門，眼前便是佛殿。建立當時非常華麗，遺憾的是應仁之亂時被燒燬了，不過由德川四代將軍家綱所重建的建築，將唐代的建築樣式傳了下來，也很漂亮。

堂內有傳聞為運慶[20]所製作的三尊佛像——阿彌陀、釋迦、彌勒，閃爍著金色光芒。天花板上的「蟠龍」是狩野探幽[21]的作品。這個寺院很多值得一看的地方。

其實東山「泉涌寺」最有名的，是在大門的左後方，六羅漢正中央的楊貴妃觀音。

傳聞這是玄宗皇帝思念已逝的楊貴妃所造的像，和一般的觀音像表情不同，與其說是面容慈悲，更像是帶著思戀之情。若被她栩栩如生又豔麗的視線盯著瞧，想必會驚慌失措吧。七福神以外，附加的第一項，便是這尊「楊貴妃觀音」。

泉涌寺境內有好幾個院及庵，其中有一座「新善光寺」，祭祀著「阿彌陀如來立像」。在前述的楊貴妃觀音往北之處，位於泉涌寺的北端。

鎮坐在此的「愛染明王」，是附加的第二項。

愛染明王。從名字看來似乎很美豔，但其實祂的模樣與其他的佛像十分不同，有種人生在世的感覺。

在京都，若提到愛染明王，一般人所熟知的是我在前作《京都：秋季遊》中，所介紹適合賞紅葉的寺院「神護寺」裡的那尊像（現在由東京國立博物館保管）。傳說那是由運慶的徒孫康圓所作，而且被指定為重要文化財。愛染明王與空海[22]關係密切，在真言密教當中是居高位的明王。「煩惱與愛慾為人類本能，無法拋棄。」這句愛染明王之言，對滿是煩惱的我們來說真是打了一劑強心針。不過祂又說：「將本能昇華為向上之心，步向佛道。」這話讓人恍然大悟呢。

泉涌寺始於天長年間（西元八二四年—八三四年），起初是空海所建的草庵。這裡大有來頭，與歷代天皇關係密切，因此在此推薦給各位七福神加上兩位神明的巡禮之旅。

楊貴妃觀音與愛染明王。若將這兩位神明並列一瞧，不愧是美豔之選啊。微笑與憤怒，正好是兩種相反的表情，令人感受到「愛」的寓意之深。向帶來「福」的神明許願時，別忘了也好好思考「愛」的意義——也許背後藏著這樣的意涵吧。

泉涌寺的「七福神巡禮」，是「給大人的七福神巡禮」吧。由於每年一月十五日正好是成人之日，讓我有了這樣的聯想。

由孩童成長為大人，最先碰上的障礙，便是「愛」這座高牆。這教導了我們，迎接成人之日時，若只顧著祈「福」，是無法成為獨當一面的大人的。

二月——嚴寒刺骨，來去澡堂

冬天，三方圍繞著群山的京都，籠罩在盆地特有的嚴寒之中。也就是人們所謂「嚴寒刺骨的京都」。京都人早上的招呼語，一定是邊吐著寒氣邊說著：「好冷哪。」以溫度來說，這裡雖然不及北海道，但體感溫度卻更低，連北海道來的觀光客都不禁縮著頸子喊冷。特別是町家建築，冬天從建築隙縫中吹進的風，冷得直讓人發痛。

寒中取暖。在寒冷當中暖和身心的，便是白色搖曳著的水蒸氣。求快的方式就是泡澡。有不少京都人，即便家中能泡澡，也會特地到澡堂去，追求熱水及蒸氣帶來的暖和。近年來，京都市內四處都湧出了溫泉……更正確的說法是「挖掘」到溫泉。雖然溫泉也很不錯，但似乎不到大受歡迎的程度。

大原、嵐山這些知名觀光地，雖然有溫泉，但卻很少被報導提及。當初開泉時的期待似乎讓人落空了。

「京都與溫泉」——很少人會這樣聯想吧，也許這便是原因之一。「京都與澡堂」，這個聯想還比較恰當。雖然比起從前少了許多，但洛中還是有歷史悠久的澡堂。冬日京都，若想暖和身心，那麼澡堂之旅，也頗有趣味。

鞍馬溫泉峰麓湯

大原、嵐山等地的溫泉湧出之前，提到京都的溫泉，指的便是鞍馬。前往洛北鞍馬，可搭乘叡山電車。從始發站「出町柳」只要花不到半小時。一下車站，就有接駁巴士迎接。搭乘三分鐘左右，就會到達鞍馬的溫泉。

鞍馬溫泉峰麓湯（地圖A），這裡提供住宿，但當天來回也能充分享受。如果是泡露天溫泉，只要千圓即可。若帶著自己的毛巾前往，便可用最便宜的價格享受。但難得都來到鞍馬了，不如挑戰兩千五百圓的「當日套裝行程」吧。附有可替換的浴衣以及毛巾，能夠好好地體驗溫泉氣氛。

首先，在室內的大浴場將身體暖和。鞍馬一地，即便是夏天也很涼爽，所以立刻進到露天溫泉實在太冒險了。先享受一下桑拿浴及泡泡浴，一邊注意外面的氣候狀況，再換上浴衣，前往露天溫泉。

這裡被一股閒適的空氣包圍，會令人忘了身處於京都市內。鞍馬的森林，非常適合冬天的景色，運氣若好，還能夠邊泡溫泉邊賞雪。這裡的溫泉是很單純的硫磺溫泉，雖然有些硫磺味，但泉水不臭，非常滋潤肌膚。

把頭枕在浴池邊緣，仰頭望向冬日天空，能夠感受到四周一片寂靜，像是身處祕密溫泉，更覺趣味。若泡累了，可回到室內，到樓上的休息室。借個大毛巾，接著小憩一番，實在舒服極了。溫泉帶來的暖和，沁透全身。若餓了還可到用餐處。我推薦兩千六百圓的「迷你牡丹鍋餐」。運氣好還可享用到丹波產的特選山豬肉。

京都塔大浴場

我年輕時，因為價格便宜，會搭乘夜間巴士往返東京及京都，不過現在已經不坐了。當時的座位又窄又小，但聽說最近已經有了豪華版的夜間巴士。

有朋自遠方來。當時若朋友從東京搭乘夜間巴士來到京都，我時常推薦他們造訪**京都塔大浴場**（地圖L）。

那時晚上十點左右從東京車站出發的巴士，會在早上六點半抵達京都車站。我到巴士站迎接朋友，然後一同到京都塔，沒多久後剛好開始營業。大清早七點泡澡，正是愉快。

我們一面流著汗，一面討論今天要去哪個寺院、吃些什麼。泡完澡後一時興起，便會把行李寄放在車站的手提行李寄放處，接著前往「**新福菜館**」（地圖L52）。大清早泡澡

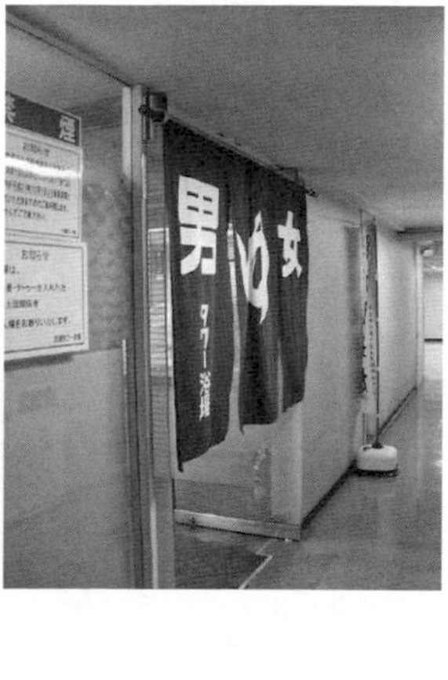

京都塔大浴場入口

之後，大清早吃拉麵。與京都氣氛迥異的行程接二連三，讓我許多朋友們驚訝不已。

雖然時代變了，但聽說現今也有許多年輕人是走這套行程的。「夜間巴士＋大清早泡澡＋大清早拉麵」，讓人躍躍欲試呢。

京都塔就在京都車站的正對面，而大浴場在地下室。地板鋪著磁磚，有種懷舊感。這裡是打地下水來煮沸的，熱騰騰地把全身都暖和了。七百五十圓，附一條薄薄的毛巾，非常超值。就算沒有搭乘夜間巴士，若住在京都市內的商務旅館，大清早來泡個澡也不錯。這裡地下樓層與ＪＲ及地下鐵烏丸線直通，因此不擔心淋雨，也不怕泡澡之後身子變冷。

蒸氣堆在天花板上，然後又一滴滴落在我的頭上。一想到上面聳立著一百三十一公尺高的塔，不禁感慨了起來。

附帶一提，關於京都塔，時常見到雜誌寫說是仿和蠟燭的形狀所設計的，但其實這是錯的。正確來說，是仿燈塔而建造的。因此每每從旅程歸來時，一見到京都塔就會感到心安。

京福電鐵「嵐山」站的足湯

搭乘京福電鐵嵐山本線，又通稱「嵐電」，前往嵐山。這裡是京都觀光的必訪景點，不過這回目標不是櫻花、也不是紅葉，而是足湯（地圖O），這才是適合冬天的選擇。在嚴寒刺骨的京都，見到這搖曳著熱氣的光景，總令人覺得溫暖。

京都究竟適不適合溫泉呢？先把討論放一邊，泡泡足湯，在這熱呼呼的時刻悠閒地聊天，必能暖上心頭。

有些地方上的溫泉，在車站月台就設有露天浴池，而這裡可說是車站浴池的足湯版本。費用只要兩百圓。還附「嵐電」的毛巾，算是便宜了。車站月台上的足湯，這便是「嵐電」的樂趣。沿著軌道轟隆轟隆而來的「嵐電」車廂，一般下半部是綠色、上半部是卡其色的，但

「嵐電」的車廂及車站

還有螢光綠或是復古褐色等顏色的車廂。

從一九七一年至今，車廂的設計改變了許多。我一面泡著足湯，一面想接著駛來的會是什麼車廂呢，這種感覺真是不可思議。一般設在月台上的露天浴池，從車上是看不到的，以免妨礙風化，但足湯卻是開放的。不知怎地，人們會互相揮手打招呼呢。即使彼此不認識，坐在車上的人若看到泡足湯的客人，一定會揮起手。泡足湯的客人也會帶著微笑回應。每次有電車駛來，人們便會打起招呼。泡足湯，真是悠哉哪。

京都的澡堂

「京都很適合澡堂。原因在於洛中居住了許多老人及學生。最適合造訪澡堂的，便是老人與學生了，理所當然地——」十五年以前，我在某個雜誌上刊登了〈京都的澡堂〉，文章開頭這麼寫著。僅僅過了十五年，今非昔比。狀況變了許多，令人恍若隔世。

老人依舊，但學生的蹤影從澡堂中消失了。我家附近，寺町通及鞍馬口通交叉口處，有一間澡堂名為「鞍馬湯」，我到賀茂川散步時，總會順道前往。這裡是學生聚集的區域，但可以說幾乎見不到有學生在此泡澡了。可能從前學生多為寄宿，但現今演變成住進附有衛浴的學生公寓了吧。

失去了主要客源，經營澡堂當然變得困難，許多店停止營業了。我很少利用澡堂，沒什麼立場說話，但實在覺得遺憾。京都的澡堂，那姿態可是了不起的文化財。

船岡溫泉

例如，與前述「鞍馬湯」同在鞍馬口通上，一路往西，靠近船岡東通的**船岡溫泉**（地圖E），光是建築樣式，就很值得一看。

這是非常有名的澡堂，澡堂迷們沒有不知曉的。模樣有如家屋一般，富麗堂皇。這裡有著「唐破風」[23]形式的門。不知為何，澡堂時常使用這種形式。整體氣氛就像建在中伊豆山裡歷史悠久的旅館一般。不過裝的卻是自動門，按下按鈕就會開啟，這種反差也很有意思。在入口櫃檯付費之後，就可來到換衣間。

首先，換衣間便值得一瞧。天花板、隔間木框，以及夾在兩者中間的馬約利卡磁磚。

挑高並且被木頭劃成一格格的天花板上，色彩鮮豔的鞍馬天狗浮雕正俯視著來客。而隔間木框上的裝飾，更令人眼花撩亂了。爆彈三勇士[24]、鶴龜、領主及隨扈隊伍、上海事變。許多人不厭其煩地直瞧著，有的正脫衣服脫到一半、有的腰間捲著毛巾、有的穿著衣服，呈現各種姿態。

色彩繽紛的馬約利卡磁磚貼成了一整片，中間還夾著整排的松樹、海岸、富士山等等的和風圖案磁磚，真是樂園。好像會讓人忘了該泡澡似的。

船岡溫泉

連接走廊的石橋「菊水橋」更讓人覺得不可思議。據說是將實際用過的橋移建過來使用的，可不簡單。

這裡原本是一九二三年創業的旅館「船岡樓」所附設的浴場，經歷了戰爭及火災，內部裝潢幸免於難，是城市裡重要的文化財。

接下來，是重要的浴場部分。這部分也遠超越了一般的澡堂等級，有各式各樣的熱水澡能夠享受。電氣浴、淋浴、露天浴、冷水浴、岩石浴場、高溫深浴池、桑拿浴等等。還有美容按摩浴之類的特別浴池。每個都很小，因此不像現在流行的超級澡堂那樣，可以一次泡很多人，但因此更能感受澡堂風情。

週間的營業時間是從下午三點開始，週日及假日則是從早上八點開始。這裡不能說是交通便利，但如果要我只推薦一間京都的澡堂，我一定毫不猶豫說船岡溫泉。

附帶一提，我在這間船岡溫泉曾經有過一段回憶。那是我高中二年級冬天的事情。

當時，我朋友的家在賣牛奶，在無法婉拒的情況下，我曾經送過幾個月的牛奶。當時我就在船岡溫泉附近一帶送貨，因此每天早上一定會送牛奶到這個澡堂來。

我的腳踏車前面裝著一個「一澤帆布」製的大袋子，裡面擺著滿滿的牛奶瓶。因此要將車頭保持穩定已經很困難，更別提當時是二月節分祭左右，早上的路面凍結成一片。若不小心摔倒了，牛奶瓶可是會全部破裂的。我努力踩呀踩著踏板，好不容易只剩下幾瓶了，結果一個不小心，輪胎一滑，腳踏車倒了下來。

我摔倒的地方，正是在船岡溫泉的玄關前面。老闆娘聽到牛奶瓶摔破的聲音，到門外看到我的樣子，想必覺得我很慘吧。她讓我到正在打掃的浴場裡泡澡，還給我喝了薑茶。當時我真覺得溫馨極了。隔天我送牛奶的時候，為了表達感謝，多給了她一瓶牛奶。不過這是牛奶店送的，我不過是借花獻佛而已。

這便是「船岡溫泉」。即使沒有這段過往，這裡也是特別值得造訪的澡堂。

水尾的柚子澡

冬日京都，水果店門口若大張旗鼓地排列著柚子，那就是預告著冬至將近。說到柚子，洛西一地水尾的果實最佳。

京都的東邊是大原，西邊水尾。這裡是清淨幽邃之地，據說京都人造訪水尾，心中總抱著憧憬。因為這裡是交通要衝，連結著山城國及丹波國[25]，因此開墾得很早。

傳說這兒最初種植柚子樹是建武初期（約西元一三三四年—一三三六年）的事，大概距今七百年前左右。據說由特別深愛此地的花園天皇親自種植。其實這正是柚子樹的起源。也就是說，柚子是從水尾此地誕生的。如果沒有水尾，那搞不好也不會有「冬至泡柚子澡」的習慣了。

這兒地處偏遠，造訪的人不多，所以很難安排行程，但若能湊齊人數，便能夠享受在地的柚子「澡」以及「食」。

首先抵達JR嵯峨野線的「保津峽」站，坐上接駁車。接著駛上狹窄的山路，這兒窄得只能容下一台車，開一陣子之後，便會抵達柚子的故鄉「水尾」（地圖P）。

映入眼前的是氣派的農家建築。端出來的柚子，多得像要從袋子裡湧出來似的，而這些柚子全被倒進浴池中。一踏入浴室就會被柚子香氣所包圍。窗外射進的陽光映在浴池中，描繪出偏僻山林的景色。

泡完澡後，在用餐處等待著的是燉煮雞肉鍋。蔬菜想必是從附近採收的吧，還閃著光澤。鍋裡也加進了許多柚子汁。柚子與檸檬一樣屬於柑橘類，但不如檸檬搶味，沒有比柚子清香更能滲入人心的了。感覺全身上下都染上了柚子的香氣。

柚子樹雖然是花園天皇種植的，但最先泡柚子澡的是更早之前平安時代前期的清和天皇。在當地人的導覽下，可以參拜清和天皇的墳。接著帶上整袋柚子，買個甜煮柚子，再請對方送到車站。

冬日京都。請一定要湊齊這兒規定的四人同行，享受水尾的柚子澡。

節分：惠方卷及沙丁魚

「關西」與「京都」是不同的。關東人似乎不太能理解這點，因此常常在認知上有所出入。

「面對著今年的惠方[26]，不發一語大口咬下卷壽司。這真是很有京都風格的習慣哪。今年的惠方，是哪裡呢？」

來自東京的電視台採訪，播報員將麥克風遞給了走在「四条大橋」上的老婦人。

「惠方？卷壽司？您在說什麼呢？我沒聽說過呢。您是不是把京都和大阪搞混了呢？」

老婦人露出不愉快的表情，揚長而去，留在原地的是面露尷尬笑容的播報員。

「大口咬下卷壽司」——這是大阪開始的習慣，後來經由便利商店的宣傳，普及全國。老婦人當然不可能沒聽說過，只是佯裝不知罷了。搞不好只是因為播報員沒把大阪和京都分清楚而覺得不開心。這便是京都人的真面目。

京都人討厭大阪風格的事物，大阪人不喜歡京都風格的事物。如果不能理解這點，那麼就無法搞清楚關西。

提到節分的食物，便是「鹽烤大沙丁魚」了。這才是京都。惠方卷之類的，根本不被他們放在眼裡。卷壽司與節分，究竟是怎麼扯上關聯的呢？這種毫無根據的習慣，京都人當然不可能接受。家中有小孩的家庭，為了配合四周，雖說不喜歡，還是會跟著做，但大部分的京都人，都對此反感。

節分的沙丁魚可大了呢。如果在家裡烤，會弄得四處充滿煙燻味，整理起來很辛苦，所以從前人們大多會和外送店家訂購。我家亦然。每到了節分當天的傍晚，就會請人送來。當時沒有微波爐這種方便的家電，所以我們會用鋁箔紙包起來，放在平底鍋裡稍微蒸過重新加熱。

對現在的我來說，沙丁魚很是美味，但小時候只覺得沙丁魚的腸子好苦，吃起來很多餘，骨頭又很難去除。而且只要碰一下，手指就會沾上魚腥味，稱不上是美好的回憶。不過我記得吃完之後，沙丁魚的肉都被除乾淨了，剩下的魚頭及骨頭，會被吊在玄關門前，是很有趣的習俗。

一般是插在柊樹的樹枝上，將魚頭朝上，吊在玄關旁邊的屋簷。雖然我被教導說這是用來驅除邪氣的，但我當時卻沒什麼感覺。到底什麼是邪氣，又為什麼要驅除呢？我一直到了好幾十年後，才總算理解了。

我祖母總說是「為了不讓鬼靠近」，這樣說比較好懂吧。柊樹葉子旁的鋸齒以及沙丁魚的臭味，是鬼所懼怕的。因此將其放在門口，鬼就不會靠近。祖母一面說著，一面小心不被柊樹的鋸齒刺到，然後把沙丁魚串在小樹枝上。

據說這個習俗的起源是在平安時代左右。當時有個習俗是把烏魚的頭及柊樹裝飾在注連繩上面。正如同諺語中所說的「沙丁魚頭生信念」[27]呢。

吉田桑

用完餐之後，我們會全家出動，進行節分的參拜。和大多的京都人一樣，目標是吉田神社（地圖C）。

用京都人的說法，會稱為「吉田桑」，就像是稱呼人的姓氏一樣。在節分前後，若碰到左

吉田神社

鄰右舍，人們便會說：

「您外出呀？」

「去一下吉田桑。」

「很冷哪請小心。」

「多謝哪。」

只要憑語調，就可知道「吉田桑」指的是「吉田神社」。

節分前後三天，「吉田神社」所舉行的節分祭，會有數十萬人次的參拜客。當中最熱鬧的，不外是節分當天了。特別是晚餐結束的晚上八點以後，聚集了全家一同造訪的人群。

小朋友們的目標，當然是排得長長的攤販。從參道排到神社境內，數量有八百攤。有棉花糖、畫糖人、彈珠台、投圈圈等等正統派的攤販，也有可麗餅、義大利冰淇淋等等現代點心，各式各樣的攤販，滿滿地排在參道兩側，聲勢浩大。

從參道前往境內的地方，有搭著帳篷的店鋪，販賣跨年蕎麥麵。蕎麥麵老店的味道，提醒了人們節分同時也是除夕。晚餐吃少些，來分節分蕎麥麵，也挺不錯的。

登上緩緩傾斜的石階梯，境內並沒有想像中來得寬廣。高高堆在中央的，是舊的神牌以及正月的裝飾品。許多京都人會把這些拿來「吉田桑」供奉，請神社代為處理燒掉。

這些物品是不能和家中垃圾一同處理的。當然也可以帶去家裡附近的神社，不過大多數京都人習慣帶到「吉田桑」來。

參拜完之後，一定會拿到的是鵝黃色的神符「疫神齋」。上面的紅字，是後水尾天皇的字，字體很獨特。人們把它貼在玄關內側，用來驅除疾病及災難。這是只有節分前後三天才能得到的。京都的家庭及店面大多會貼著這個，這和廚房裡貼著「愛宕神社」驅除火難的神符「火迺要慎」是一對的。

供奉神牌後，又帶了神牌回來。也不是說特別虔誠，但若不這麼做，心中就無法感到安祥。這便是京都人。

回家後，首先會貼上「疫神齋」的神符，然後撒豆子。

門外是沙丁魚頭及柊樹，門內是「疫神齋」的神符。如此一來便能完整地驅鬼了。帶著這份心安，才能迎接春天的到來。

1 十二月的別稱。有一說法是指到了年末，僧侶們為了讀經而東奔西走。
2 舞台設備，是一條從舞台延伸到觀賞席的道路，高度與舞台同高。
3 京都五花街分別為：祇園甲部、先斗町、上七軒、祇園東、宮川町。
4 圓餅狀的麻糬，一般會在過年時拿來供奉給神佛。
5 日本舞踊流派之一，由於在京都發展而得名。現今祇園舞藝伎只學習這個流派的舞，而且京舞也被禁止在其他地方傳授。
6 出生年不詳、逝世於西元一五九四年。是安土桃山時代有名的盜賊首領，劫富濟貧。自古至今許多戲劇作品以他為主角。
7 「伊萬里燒」是肥前國，今佐賀縣與長崎縣所生產的瓷器總稱，古伊萬里為伊萬里燒的其中一種風格。
8 寒山及拾得是唐朝著名詩僧，兩人隱居於天台山國清寺，為禪畫當中時常出現的主題。
9 泥偶的一種。據說伏見稻荷山的土可帶來好運，因此從前人們會將土帶回去，後來當地居民就用這些土做成泥偶來販賣，造型越來越精緻。

10 由於「KERA」這種昆蟲看起來像是雙手高舉、兩手空空的模樣，因此也用來比喻身無分文。

11 新年時期放在門前的裝飾，一般以松及竹做成。

12 綁在包裝上裝飾用的繩子，一般喜事使用紅色及白色。

13 貴族，自平安時代起，代代任官於宮中。

14 指新年過後第一次到神社參拜。

15 自古以來人們會用青丹之美來形容奈良。

16 求肥，和菓子材料之一，是加了砂糖或麥芽糖製成的柔軟麻糬皮。

17 「大和大路通」從四条以北又稱「繩手通」。

18 用稻草編成的繩子，用來表示神域，也有除厄之意。

19 禪寺當中的小院、小庵等。

20 運慶，活躍於平安末期、鎌倉初期的佛像雕刻師，逝於西元一二二四年。

21 狩野探幽，西元一六〇二年－一六七四年。江戶時代初期狩野派畫師，奠定了江戶時代的繪畫基礎。

22 空海，西元七四四年－八三五年。平安時代初期高僧，又號弘法大師，開創真言宗。

23 正門屋頂上的裝飾造型，兩側凹陷、中間突出成弓形。

24 指日本陸軍的三名一等兵，於一二八事變中，用爆破筒破壞敵方鐵絲網而身亡。

25 山城國，古地名，大約相當於現今的京都府南部。丹波國，古地名，大約相當於現今京都府中部及兵庫縣東隅、大阪府其中一部分。

26 在陰陽道當中，依照當年干支所定的幸運方位。

27 諺語「鰯の頭も信心から」，意指即使如同沙丁魚頭這種微不足道的物品，只要有信念，它便會變得崇高。

第二章

散步京都大街

散步烏丸通——自五条至御池一帶

散步在冬日京都。這回稍微改一下主題，到大街道散步吧。一般提到散步京都街道，常給人小巷弄街道的印象，但若改走主要的大街道，反而會有新發現，很有意思。

歷史留在地名中

舉例來說，幾年前，烏丸通及四条通交叉口一帶榮登京都地價之冠。對京都人而言，這附近是銀行聚集的金融區，四条通還好，烏丸通完全不是讓人悠閒散步逛街的地方。

讓我們從五条通與烏丸通交叉口出發吧，從這裡往北邊去。

五条通是京都數一數二的大路，路寬超過五十公尺。國道一號與九號在此重疊，交通量很大。不過原來的五条通，不是五条。這種說法可能會讓人摸不著頭緒。

戰國時代，豐臣秀吉擅自重建了京都。關於這件事的評價有褒有貶，他原本想在東山建造大佛殿，因此將架在現今松原通、當時的五条通上的橋，移了位置，連帶把路名也直接改叫五条了。這是功或是過呢。

也就是說，現今的五条通，從前其實叫做六条坊門小路。

從地下鐵烏丸線的「五条」站開始吧。從二號出口出來，轉角處有間便利商店，由這裡開始往北走。此處的看板寫著區域名稱「高砂町」，這名字真是個好兆頭呢。才剛這麼想，結果只走過一棟大樓，狀況全然不同。區域名稱變成了「惡王子町」。真嚇人的名字啊。

從這裡往西，也就是堀川通的東側，有條南北向的小路，名稱很好聽，叫做「天使突拔通」[1]。這裡是從前秀吉強行開通的道路，貫穿了**五條天神宮（天使社）**（地圖J）而

五條天神宮

來，因此得名。這裡東邊被稱作「惡王子町」，也有其來由。

散步京都的其中一項趣味，就是發掘並探索地名的由來。即便沒有留下具體痕跡，歷史的一幕也被刻畫在地名之中了。

話題回到「惡王子町」吧。從前這裡有個「惡王子社」，是「八坂神社」底下附屬的神社，因此留名。傳說「惡王子」這個稱號，是贈與擊退八岐大蛇的素戔嗚尊，而這個神社是為了讚頌他的功績。既然是讚頌，為什麼會用「惡」這個字呢？

其實這個「惡」字，據說不是指惡人的「惡」，而是指勇猛、有勇氣之意。

這間名稱令人混淆的神社，現今作為八坂神社的附屬神社，建在本殿東邊。附帶一提，神社旁邊，也就是北側，鄰接的是連名稱也很美的「美御前社」。從前在烏丸時與天使為鄰，回到八坂之後則在以美人著名的宗像三女神旁邊。「惡」還真受歡迎哪。

話題從祇園八坂，再回到烏丸吧。一邊是明明不「惡」、卻被冠上惡之名的神社，另一邊則是因秀吉擅自開路而被分成兩半的神社，卻被稱為「天使」。還真令人覺得不可思議呀。

和歌之趣

稍微往北邊走，會遇上萬壽寺通，這條路與五条通平行。

有一首童謠是為了記憶路名用的。是從「丸竹夷」倒著唸過來。

——丸竹夷二押御池，姉三六角蛸錦，四綾佛高松萬五条——

惡王子社

美御前社

從後面數來第二個「萬」，指的就是這條萬壽寺通。那麼這裡理所當然應該有「萬壽寺」的，但現今卻沒有了。萬壽寺自遭遇永享六年（西元一四三四年）的火災之後便衰落，而後遷移，現今成為了**東福寺**（地圖K）的塔頭。

萬壽寺的起源可追朔自平安時代末期。原本是白河上皇為了弔唁早逝的皇女所建立的「六条御堂」。這裡鼎盛時期還被列入「京都五山」[2]之一，室町時代建造的鐘樓可作為證明。不過寺院並未公開讓人參拜，靜靜地佇立在山腳下。

寺院不在了，但佛具店、佛壇店留了下來。烏丸以東、至寺町通附近一帶，接連有許多裱褙、法衣等等提供寺院需求的店家。

經過萬壽寺通再往北，有一間「漢字資料館」。曾經蔚為話題的「漢字檢定」就來自這棟大樓。漢字資料館當中有許多關於漢字歷史、古錢收藏品等等有趣的展覽，而且參觀免費，非常值得順道一看。

這棟「漢字檢定」大樓的背面，是個充滿和歌的世界。這便是**新玉津嶋神社**（地圖J）。

出了「漢字檢定」大樓之後，往西彎進松原通，立刻可見到被民宅緊緊包圍著的鳥居，就是神社的象徵。

從前這附近是藤原俊成[3]的大宅邸。俊成於文治二年（西元一一八六年），從紀伊的和歌浦請了和歌之神「衣通姬」來到自家，便是神社的由來了。俊成是知名歌人，曾編纂《千載和歌集》，也有一首和歌「人生在世難　無處可遁逃　隱遁深山中　鹿鳴淒涼聲」被收錄在《小倉百人一首》當中。

松原通這個名稱，來自於從前「新玉津嶋神社」境內美麗的一整排松樹。和歌與松樹。遙想這番風景，也是散步在街道上的樂趣之一。這附近的區域也稱作「玉津島町」。

新玉津嶋神社

飛來的藥師如來像

讓我們回到烏丸通，向北行。這裡稱作藥師前町，此處指的「藥師」，位於烏丸通的另一側、建在大樓之間的石塔深處。

正式名稱是**平等寺**（地圖J），但京都人習慣稱他「因幡藥師」。這裡原本是橘行平[4]的宅邸，會成為供奉藥師如來的寺院，是有原因的。

平安時代，行平以使者身分被派駐因幡國（約現今鳥取縣東部），患病時做了個夢，他順著夢的指示，從海中撿起了藥師如來尊像。行平將這尊佛像安置在因幡國，建了一座草堂，但佛像竟然追著回到京都的行平而來。

行平為了安置這尊佛像，理所當然地將宅邸改成了寺院。這就是「平等寺」。

因幡藥師

這個傳說還有續集。話說因幡國的草堂失去了佛像，留下來的只有台座及佛像後方的光焰。「座」及「光」，後來人們像是供奉遺跡一樣，稱草堂為「座光寺」。

JR「鳥取」站往西南方向一公里左右的地方，有座架在千代川上的因幡大橋，過了橋之後不遠處，便是「座光寺」。

話題回到京都吧。

「平等寺」的藥師如來與嵯峨「清涼寺」的釋迦如來、信濃「善光寺」的阿彌陀如來，並稱日本三如來。而且這裡除了藥師如來以外，還有十一面觀音、釋迦如來立像、如意輪觀音坐像等等重要文化財等級的佛像，還有三面六臂大黑之類很特殊的像。觀光客雖少，卻很值得造訪。附帶一提，寺院南邊延伸出去的路稱作「不明門通」，名稱由來便是因為寺院的門時常緊閉。

這裡每個月八日會舉辦「因幡藥師手作市集」，內容如我在第一章所述的。若正好在八日造訪京都，請一定要來看看。

道真公的足跡

讓我們回到烏丸通上。接下來的路是「高辻通」。

由於京都是盆地地形，道路也高低起伏。現今的市街地，北高南低。小時候我聽說，我所居住的北大路與位於九条的「東寺」當中五重塔的頂端一樣高。由北到南，地形緩緩傾斜，如果是騎腳踏車立刻會發現。由北往南騎很輕鬆，反過來騎則很累。

至於這條「高辻通」，平安時代曾是「高辻小路」。道路名稱的由來，據說是因為此處是洛中標高最高的地方，這說法卻令人無法理解。無論是用走的或騎腳踏車，都令人感覺不出來。

以下只是我的推測而已。可能這附近為了建住宅區，曾經築成了高地吧。我前面提到藤原

飛梅樹

俊成、橘行平等人的宅邸都建在這裡，便可得到證明。

史實記載室町時代，曾經接連大雨，附近一帶都淹了水，只有這區免於水災，看來事實上從前這裡的標高的確比較高。我因此聯想到，搞不好這就是稱為「高辻」的原因。

而且北緯三十五度線就在南側與高辻通平行。也有可能是以此得名的吧？不過用緯度之高來取名高辻，這種說法可能太勉強了。

從高辻通稍微向西，往菅大臣神社前進（地圖J）。不用多言，這裡便是與菅原道真相關的神社了。在京都若講到道真，一百人中會有一百人想到「北野天滿宮」吧，但若要說關係的深淺，這裡略勝一籌。再怎麼說，這裡可是道真的宅邸，他在此度過了幼年時期。

這座神社的起源，無人知曉。傳說道真逝世之後不久就建立了，但卻沒有明確的證據。這裡古來被稱作天神御所或白梅御所，北邊還有個紅梅殿社，恰好成對。

境內留有一口井，據說道真剛出生時便是用這口井的水洗澡。現今神社雖佇立在大廈之間，但仍可在此遙想昔時面影，尤其是這兒的梅花古樹。

——東風吹起時　花香隨風飄送　梅花呀　即便已無主　也勿忘春天——

菅原道真被流放太宰府之前，仰頭望著這棵樹，吟詠了這首和歌。而且正如字面所述，據說梅樹追隨著主人，飛到西邊去了。所謂的「飛梅」便是指這棵樹。

梅樹穿越悠久時空，現今到了春天，仍然會綻放滿是春色的花朵。梅樹思念道真的心情，雖然一度到了太宰府，但現今仍留在這裡。冬天映入眼簾的則是冒出頭的新芽。

其實據說是道真宅邸的，其他還有**菅原院天滿宮神社**（地圖G）、**吉祥院天滿宮**（地圖M），但皆無法確認其真偽。

江戶正：鰻魚料理

順著烏丸通繼續前行。那麼就順道滿足一下味蕾吧。

例如，可以來個鰻魚飯。

我曾提過好幾次，在京都吃的鰻魚，大多是關東風味。先剖魚背，蒸了之後再烤，所以皮和肉都很軟。這種柔軟的口感，很合京都人口味。不過這和最近美食節目裡面外景主持人常常掛在嘴邊的：「好軟好Q啊！」意思不同。

我記得這些主持人們一開始是用來形容肉吧。原以為肉很硬，咬下去卻比想像中的還要軟，因此不禁喊出：「好軟好Q啊！」若是這樣尚可接受，但後來，無論吃到什麼，他們用來形容料理的最佳詞彙都變成了：「好軟好Q啊！」

吃鮪魚生魚片喊出「好軟好Q啊！」還算好的，吃豆腐也喊「好軟好Q啊」，吃草莓蛋糕也喊「好軟好Q啊」。各位搞不好覺得我在說笑，實際聽聽美食節目外景主持人的報導就知道我所言不假了。

令人佩服他們的耐心。我可以這樣斷言——這些排隊客裡面沒有京都人。就算有，應該也是這幾年才搬來京都的。

為什麼我敢斷言呢？如果是土生土長的京都人，一定知道好幾間不用浪費時間排隊也能吃到好吃烏龍麵和親子丼的店。例如這間「麵房山本」。

在「辻子」的深處還有路地，走到更深處，就藏著這間店，有時會排著幾個客人，但都只需要排一會兒。只有附近的上班族會在午餐時間一擁而來。大都不用排隊就能享用。

烏龍麵、蕎麥麵、各式丼類、定食、便當等等，這裡的菜單非常豐富，每種都不會令人失望。這裡的湯頭是京都口味，無論誰都會覺得滿意。

最受歡迎的是「豆皮咖哩烏龍麵」。我也很推薦「中華拉麵」，或是「蛋花什錦丼」，以及「五目飯定食」。

京都的麵類，重點是在享用湯頭，因此麵本身不需要咬勁。主角是湯頭，所以麵條不該太過搶戲。有些烏龍麵必須使用專用道具才能切斷，這種不是京都原本的烏龍麵。

即便是牙齒不好的長者也能輕鬆咀嚼的，才是京都的烏龍麵。若想品味正統京都口味，那麼請來「麵房山本」。

佛之光

我們回到剛剛路過的**佛光寺**（地圖J）吧。

佛光寺的起源，是「承元法難」[6]。親鸞上人[7]由於佛教宗派的紛爭，被流放到越後，被赦免之後他在山科建了**興正寺**（地圖L）。有人說這是佛光寺的起源，但無從查證。因為也有人說親鸞被赦免之後，就往關東去了。無論如何，這裡的確是與親鸞有密切關係的寺院。

總之後來，這間興正寺的本尊阿彌陀佛竟然被偷走了。

如果是在現代，大概會被拿去賣吧，但當時可能不是以

佛光寺

距今四十多年前，位於寺町河原町交叉口的百貨公司「藤井大丸」的一樓，開了關西地區第一間的麥當勞。我記得剛開幕時，錦市場相關人士批評「京都不適合站著吃」。但現在錦市場不但有烤牡蠣吧台座席、還能站著吃豆乳霜淇淋。甚至連章魚燒都有了。現今的錦市場是否還能稱作「京都的廚房」呢？

至於年末的季節風景——人們到錦市場採買年貨，也成往事了。我孩童時，平時的錦市場是職業料理人的專用店舖，外行人連踏進一步都覺得戰戰兢兢。只有採買年貨的時候，這裡才成了京都市民的廚房。因此人們欣喜地購買用來當年菜的料理，若一家之主問起：「這是錦市場的嗎？」女性們便能夠自豪地點頭。這就是錦市場的價值所在。

廣開門戶雖然有其意義、也帶來好處，但對於帶來的壞處也得有所覺悟。不只是錦市場，訂下觀光人數目標五千萬人的京都，亦是如此。

街道上、店家、旅宿等等，京都四處都讓人感受到禮儀規矩變差，也是無可奈何的。我週末時造訪近江反而覺得心情輕鬆，真令人感到悲哀。

讓我們重振精神回到烏丸通上吧。

「時代都市」的著名建築

接著一條路是「蛸藥師」。這條道路名稱的由來，現今仍存在，真令人開心。比起僅有名字留下來，還是能夠確認原本的樣貌比較有意思。

在追溯起源之前，有棟必須提及的建築。

位於烏丸蛸藥師交叉口西南角，有棟紅磚老建築，從前是**山口銀行京都分店**（地圖J），是明治時代著名建築師辰野金吾的作品。

京都市街很適合紅磚建築。從這裡往東北方，有棟**京都文化博物館**（地圖G），從前是「日本銀行京都分店」，也同樣是辰野的作品。紅磚配上西洋式的建築正門，跨越了百年，現今仍守護著京都的街道。

京都市街不僅留存著平安時代的面貌，也留有明治時代的姿態。不僅如此，從平安時代之前、直至近期的昭和時代，每個時代的面容，都融匯在現今的京都市街當中。我到日本各地旅行之後，更深刻感受到這是如何貴重的資產。

例如東京。我曾在某個信用卡公司的會員雜誌上連載「一萬步都市」這個專欄，走了兩趟一萬步的東京，當然留在街道上的風貌都是江戶時代之後的了。或是奈良，雖然這裡還留有平城京的面貌，但卻可以說幾乎沒有能讓人感受室町、江戶、明治時代的遺跡。

回頭看看京都。不僅平安時代，其後的鎌倉、室町、安土桃山、江戶、明治、大正、昭和，在京都一定會有保留著每個時代氛圍的地方。若要比喻，就像是一整年都能夠觀賞「時代祭」吧。

也許各位以為京都有的只限於平安時代之後吧，但其實報紙上曾大幅報導，京都的街道中還留有古代的歷史遺跡。在我的住所不遠處，從「京都府立植物園」的北側直到

舊山口銀行京都分店

京都文化博物館

北山的山腳附近，據說埋有京都盆地最大的聚落遺跡。聽說找到了超過一百二十棟從彌生時代後期至古墳時代的豎穴式住居。這個聚落被還取了名字，名稱就叫「**植物園北遺跡**」（地圖D）。

這個遺跡的全盛時期，推測距今大約一千八百年前，從彌生時代後期至古墳時代前期。也就是卑彌呼[11]的時代。所謂的邪馬台國爭論[12]，現今仍未有結論。近年來人們將討論重心擺在近江一地，而近江與京都，只隔著比叡山相連。平安之都的地下，現今仍埋藏著追溯至上古時代的遺跡。

從前京都當地的報紙「京都新聞」曾有一個連載專欄是以京都觀光為主題，論述其問題點，我也有幸參加。當時我針對「京都觀光」所提出的關鍵字就是「時代」。歷史都市、觀光都市，人們用各種名稱來稱呼京都，但若要提到堪稱日本唯一的，我想「時代都市」這個名稱再適合不過了吧，這便是我提案的原因。京都從古代卑彌呼，歷經平安時代，跨越戰國之亂至今，不愧是個「時代都市」。

話題回到烏丸通。一面散步一面觀賞明治至大正時代的近代建築，很輕鬆就能逛上一兩天。這便是京都。

若要提到明治時代的著名建築，那麼不可錯過的便是位於京都中心的**京都府廳舊本館**（地圖G），但可惜離我們這次的方向太遠，因此這次便不提及。若對明治時代的建築有興趣，請一定要造訪。

奇妙的章魚

從烏丸一路向東，在校外教學的學生們往來的新京極通商店街當中，有一座**永福寺**（地圖I），又被稱作「**蛸藥師堂**」。

這座永福寺原本位於二条室町交叉口往南之處。在平安時代末期創建，供奉著一座石像，據說是比叡山「根本中堂」藥師如來的分身。這尊石像現今仍存在，但平時不公開，八年才公開一次。最近一次公開是在二〇一六年。

那麼藥師如來與「蛸」，也就是章魚，又怎麼牽上了關係呢？故事要從某位孝順的年輕僧侶善光說起，他曾為了禁止殺生的戒律而煩惱。善光的母親臥病在床，日漸衰弱，她的願望是想吃章魚。猶豫又煩惱的善光，最後決定到市場去買。從魚市場抱著箱子出來的善光，受到街上人們的指責追問，因此他到藥師如來面前祈禱並打開箱子，結果裡面的章魚，八隻腳變成了八卷經典，還射出靈光。驚訝的人們合掌念佛，結果經典再次變回了章魚，跳入池中，接著藥師如來放出琉璃色的光芒，光芒照到了善光的母親，母親便突然痊癒。之後這兒的藥師如來便被稱作蛸藥師了——。

若想親眼瞧瞧這個簡單易懂的傳承故事，那麼就過來看看吧。這裡有一隻「撫藥師」章魚像，據說只要撫摸它，再摩擦身上有問題的部分，就能痊癒。可能常被人撫摸吧，這尊像很光亮，尤其是頭部。

撫藥師

和蛸藥師通一樣以寺院為名的道路，還有一條「六角通」。寺院就建在烏丸通旁邊。

「六角堂」的正式名稱為頂法寺（地圖G）。創建可追溯至平安遷都的兩百年前。聖德太子欲建立「四天王寺」，為了尋找木材造訪此地，結果觀音在夢中顯靈，要他濟度眾生。聖德太子因此建了六角堂。從平安時代的都城京都，又追溯到大化改新之前，這便是散步在京都的樂趣。

歌詞「姊三六角蛸錦」當中的六角，原來是聖德太子所命名的。但光是如此還不值得驚訝。當時，這附近有個池，聖德太子便在此沐浴。後來六角堂被託付給小野妹子[13]，他便在池旁邊建了一座坊。這便是華道流派「池坊」的名稱由來。

聖德太子、小野妹子、池坊。只要是日本人，誰都知道這三個名詞，而與這三項相關的便是現今的六角通。這麼一想，就覺得在此散步令人百感交集。井邊的石頭像是作證似的，告知了太子從前曾在此沐浴。

話說都城遷到平安京時，這座堂正好在道路中央，當時桓武天皇的使者祈願希望能夠將堂移至南或北邊，一夜之後，六角堂竟然自己動了起來，後來只剩下基石在原地。

本堂前方現今還留著這塊基石，由於正好處於洛中的中心，因此被稱為「肚臍石」。

六角堂又因親鸞上人的「百日參籠」[14]而知名，因此對淨土真宗來說也是意義深遠的地方。作為證明的，便是「親鸞堂」。當中有兩尊親鸞像，一尊是他由比叡山來到這裡的樣貌，另一尊是他於堂內在夢中得到神諭的樣貌。六角堂境內還有不動明王、太子堂等等，太子堂當中有聖德太子兩歲時的姿態「南無佛像」。總之這兒有許多值得觀賞的地方。

肚臍石餅・結緣柳樹

不過這兒為什麼會叫做「六角」呢？其實這是從「六根」來的。也就是指必須戒除人類的眼、耳、鼻、舌、身、意這六根所生的慾望。

正如歌詠六角堂的和歌所詠道：「我心有

肚臍石

六角，祈願角成圓。」我祈求能夠六根清淨，因此多次來參拜，但也許是欲望太強烈了，磨成「圓」的日子看來還很遙遠。

在此停下來喝杯茶吧。在奉茶處能夠品嚐名產「肚臍石麻糬」以及抹茶。這個點心樣貌仿造六角形的肚臍石，口味簡單。

六角堂的「肚臍石麻糬」

由於這裡是華道大家池坊的地盤，因此許多往來寺院的人們姿態高雅美麗。這裡求姻緣也很靈驗，但卻很少為人知。話說這是都城遷到京都沒多久後的事。想求取好姻緣的嵯峨天皇，夢到神諭，要天皇「看看六角堂的柳樹下」。天皇立刻起身前往六角堂。結果呢？只見一位絕世美女站在那裡。

天皇毫不猶豫地將她娶做妃，因此後來這棵柳樹就以「結緣柳樹」而知名。

在烏丸通上不到一公里的這段路途當中，數次出現夢中的神諭。這些夢中出現的事物，一下讓人建了寺院、一下成了章魚本尊、一下又讓人結了姻緣。當時不像現代有電燈。夜晚的黑暗籠罩著大地，當夜深人靜無法入眠時，人們能夠天馬行空地發揮想像力吧。明亮的夜晚，反而讓想像力變貧乏了。

無論是櫻花或紅葉，若人們聚集觀賞，總會不假思索地打起燈。這些變得明亮的景色，無法刺激人心、促發聯想力。但想要見到籠罩在暗夜之中模糊的櫻花或紅葉，實在機會很少。更別提在夢中的神諭了，夢想究竟只是夢。

附帶一提，這株枝葉垂至地面的柳樹被稱為「六角柳」，其實它的日文學名就叫做六角堂。

這座寺院還有一個特色。冬天結束、春天即將到來時，境內會綻放早開的櫻花。說是早開，其實也是三月底的事。

——祈願世間春之始　天皇親臨後到來——

這是花山院前內大臣所詠的和歌，因此這株櫻花被名為「六角堂御幸櫻」。若在三月底至四月初之間造訪，請一定要來賞花。而且樹枝旁的支撐架也圍成了六角形，這座寺院真是充滿著「六角」呢。

親鸞堂

結緣柳樹

大垣書店烏丸三条店

接著往北行，來到三条通。從這裡往東，就是東海道，這是一條前往東京的道路。在江戶時代這是主要幹道，非常熱鬧。這條道路興起的契機，是三条大橋的改建。當然這又是豐臣秀吉的事業之一了。自平安時代之後，現今的京都街景，無論好或壞，有很大一部分都與豐臣秀吉相關。

再往下一條路是「姊小路」，這個路名從平安時代開始就未曾改變，很是稀有。換句話說，這條路從平安時代至今，這一千兩百多年來，一直都是姊小路。

如此有歷史的一條路，與其他道路相較，有個顯眼之處。所謂顯眼之處是指……在這之前，先到我推薦的地方休息一下吧。烏丸三条交叉口往北，西側有個「**大垣書店烏丸三条店**」（地圖G㉚）。

散步街中若走累了，比起喝茶，我更愛書。

一般來說，人們會到從前所謂的喫茶店，也就是現今的咖啡廳。平常在這種地方能夠悠閒放鬆吧，但對我來說卻非如此。若呆坐著喝茶或咖啡，我的心思總會飄到下個地方去。既然如此，書店對我來說正好。因為不會浪費時間，讓我很安心。而且偶然瞧見的書還可能給我寫作新書的靈感。

我雖然不討厭從前那種帶些霉味、燈光昏暗的書店，但我更喜歡現下氣氛宛如咖啡廳的書店。挑高的天花板，讓白天的書店內充滿日照。店內適合播放Bossa Nova，還放著椅子，可以不必站著閱讀。雖然人們總說現代人不讀書了，但無論何時造訪這裡，店內還是擠滿了人。果然大家都很喜歡書店呢。

大垣書店烏丸三条店

我能夠像現在這樣寫作，其實是拜「大垣書店」之賜。大垣現今是擁有二十六間分店的大型連鎖書局，但從前只有在北大路烏丸交叉口附近的一間店面而已。

我現在若人在京都，一定也會一天造訪一次。特別是去我從小學三年級左右到高中畢業為止，每天拜訪的「大垣書店本店」。從前喜愛閱讀的少年，曾幾何時成了書寫的人，人生真是奇妙。

這麼大的書局，建在烏丸通如此大馬路邊，我曾想過到底行不行得通呢，結果看來是先見之明。趁著這股氣勢，大垣後來在四条烏丸交叉口也開了店，現今已是代表京都的書局，我也同感欣喜。

街角看板藝廊①——山本竟山・竹內栖鳳・北大路魯山人

話題回到姉小路。這條路上非看不可的是「看板」。這條路甚至可被稱為「名看板街道」。

首先是從烏丸通向東，位於車屋町東北角的「**龜末廣**」（地圖G㉘）。這是文化元年（西元一八〇四年）創業的和菓子店。這裡有名的，是在如同四疊半塌塌米房間格局的木箱裡，擺得滿滿的乾菓子。

抬頭看看店門口上方的看板吧。表記方式與現今相反，是從右讀到左的。「御菓子

「龜末廣」看板

司龜末廣」。仔細瞧瞧圍在字旁邊的，是製作乾菓子的木製模具。而題字的是被稱作近代書法先驅的山本竟山。這個名字各位可能不太熟悉，但他是日本第一位諾貝爾得主湯川秀樹的老師，這樣介紹比較清楚吧。

建在「龜末廣」東邊的裱裝店「春芳堂」（地圖G㉗），看板上的草書，則是由大名鼎鼎的竹內栖鳳[15]所題。當然這個看板也是從右讀到左，櫸木板上的三個字位置分配得巧妙，不愧是出自日本畫巨匠之手，筆勢飛舞。

由「春芳堂」往東。過了一間工具店之後，是「八百三」（地圖G㉖）。與剛才的兩個看板相較之下，這裡的題字感覺外行多了。這個字是北大路魯山人題的。他是美食家兼陶藝家、也寫書法及篆刻，以現在的話來說，是位跨領域藝術家。

這位評價褒貶不一的藝術家，在京都留下了七件商業看板的作品。現存的據說只有兩件，其中一件就是八百三。不過掛在店門口的是仿作就是了。那麼另外一件作品呢？我還不清楚在哪裡。我走遍街坊，四處調查，但還是沒尋到看板的下落。

來提提魯山人吧。他生於北區上賀茂代代世襲神職的家中，命運很是離奇。他性格高傲，若說到對他的觀感，我算不上喜歡吧，但他所留下的作品，包括文章，不可否認是很有價值的。據說他在京都時是讀看板學字的，後來到了東京，專職畫看板，以維持生計。因此我想他後來回到京都，被委託題看板上的字，一定感慨很深吧。

例如這個「八百三」的「柚味噌」三個字。「柚」字是下方重、「噌」是上方重，三個文字的比重恰當。他以獨特的審美觀點來呈現

「春芳堂」看板

「八百三」看板

這三個字，可以說是非常謹慎。魯山人排斥書法家的字，首推良寬和尚[16]的字為第一，甚至提到良寬時會特別加上尊稱。他像是要刻意避開良寬的主張「肉細描線」一樣，留下了筆劃很粗的字。

提提這間店的主力商品「柚味噌」吧。這是用我前面提過的洛西水尾柚子來做的味噌，傳承了三百年。風味佳、作法嚴謹的「柚味噌」，沒有什麼比這個更適合當作冬天的京都伴手禮了。

冬日的美味例如白蘿蔔、蒟蒻、豆腐、生麩等等，味道都不濃郁，將這些食材溫熱後，添上些許柚味噌享用正適合。若想發揮創意，拿來塗在厚片吐司上面也不錯。類似

「龜末廣」的乾菓子

「八百三」的柚味噌

柑橘果醬的用法，些微的苦味在早晨讓人神清氣爽。或拿來做和風俄羅斯紅茶。在大吉嶺裡溶進柚味噌，正適合寒冷的冬日早晨。

若當伴手禮，就裝進仿造柚子形狀的陶器。若是自家用，放進木盒子即可。

午夜，雪片飄落成堆。此時用食指取一搓柚味噌，配上玻璃杯底還殘留的一些波爾多葡萄酒，沒有比這個更令人陶醉的酒餚了。柚香刺激五感，我拉上了反射著雪色的窗簾。

就和三百年歷史的柚味噌一同享受冬日樂趣吧。

街角看板藝廊②——富岡鐵齋

繼續進行看板之旅。從姉小路再往東行，還可見到好幾個，若要說非看不可的，那便是走過麩屋町通之後，位於南側的「彩雲堂」（地圖F㉔）。這是出自被稱為日本最後一位文人的富岡鐵齋[17]之手。他是一

彩雲堂

位文人畫家，留下了許多繪畫作品，不過他的書法作品，筆法獨特，也有不少人喜愛。

例如這間「彩雲堂」。不只看板的字是鐵齋所題的，連店名也是他命名的。

這裡原本叫做「伊勢屋」，據說鐵齋從李白的詩當中取了這個名字，並且將這個屋號以及看板一起送給這間店。「彩雲」是指雲朵邊緣染上了美麗的色彩。

Gallery 遊形

鐵齋留下許多作品，但他替店家命名是很稀有的事。這證明了他很喜愛這間店的畫具吧。

再遠一點的地方，也有一個出自鐵齋之手的看板。讓我們先回到「彩雲堂」，這裡正前方有一間「Gallery 遊形」（地圖F㉓），可不能錯過。若想購買京都紀念品，這裡是首選。

這裡是由代表京都的日式旅館「俵屋」（地圖F）所直營的，能在此買到旅館裡使用的各種物品。從前我在拙著《京都的價格》曾經介紹過而因此竄紅的肥皂、整套寢具、香袋、乾菓子等，「俵屋」商品種類繁多，琳瑯滿目。這裡的商品和百貨公司地下街或車站裡四處都見得到的京都伴手禮截然不同。我常聽人說買來當伴手禮，但卻覺得送出去太可惜，不知不覺就留下來使用了。

這裡的女主人，並非身著華麗、在旅館內長袖善舞的類型，她真心誠意地讓旅館更為舒適，低調位居幕後。她的這份纖細感性非常少見。即使是小小的化妝包，也能感受到她細心地衡量顏色、形狀、實用度等等。「俵屋」被譽為日本第一的旅館，背後原因能夠從這間店窺知。

購物結束後，由姉小路通往東。穿過年輕人聚集的御幸町通，便是寺町通。商店街的西北角，有間冠冕堂皇的建築物「**鳩居堂**」（地圖F⑱），這附近飄散著高雅的芳香。這又是一間應該順道看看的店。如果運氣好，在十二月拜訪這間店，那麼就別猶豫，買個壓歲錢袋吧。如果太忙而還沒書寫賀年卡，那麼買個和紙製的明信片正好。無論是哪項，相信收到的人，都會露出兩倍、三倍的微笑。

「鳩居堂」的壓歲錢袋

文房四寶，只是逛逛也令人感覺愉悅。如果買來放在手邊賞玩，會越陳越有味。現今有所謂的和風熱潮，但早在這熱潮之前，這間老舖就存在了，因此更能讓人感受到正統所醞釀出的風味。這間店可追溯到鎌倉時代前。熊谷直實[18]得到源賴朝所賜的家紋「迎面鴿」，便是這間店的起源了。這裡起初經營的是藥舖，現今除了京都這兒的店舖以外，還在東京銀座五丁目設店，傳承正統日本文化。這間店與鐵齋的交情也很深，不過看板上的字是其他人題的。

離開「鳩居堂」往南行，有一間掛著舊式燈罩的店，往南就是下一個目標「**桂月堂**」（地圖F⑲）。這間店賣的是傳統德國點心，和現今的店很是不同。

請站在店門口，抬頭望望看板。上面是鐵齋題的字。直排的字寫著「西洋菓子商」，然後由右往左寫著「桂」、「月」、「堂」。竹內栖鳳、北大路魯山人，接著是鐵齋。欣賞了這些看板，便能夠了解這是份專家才能擔任的工作吧。這些字是站在店家與客人中間的立場所題的，他們很用心地以店家的角度來題字，便是所謂商業看板最好的範本吧。

不過只欣賞看板，也太可惜了。這裡有種點心名為「瑞雲」。若比喻成烤成餅乾的蛋糕捲，各位也許就能想像了。從前有很多這類烤的點心。因為當時冷凍技術還不發達，運輸也不方便，所以點心若要受歡迎，至少要能夠保存。這個「瑞雲」，雖然保存期限不是那麼長，但卻是很令人懷念的口味。不像現今的甜點一入口就擴散出香甜，而是要一口、兩口，慢慢地嚼，甜味便會滲入舌尖。

「桂月堂」看板

「桂月堂」的「瑞雲」

接著是寺町通。從這裡往北走，又是不同的氣氛，是讓人走得很開心的一條路。

冬日的街道散步，後半段讓我們從寺町通往北行。

散步寺町通——自三条附近至丸太町

散步寺町通，最好由三条附近開始。

如果此時有些餓了，該怎麼辦呢？雖然要稍微往回走，但也不用花上五分鐘。由富小路三条交叉口稍微往南，大樓的一樓就是我所推薦的店。店名是「更科 YOSHIKI」（地圖 G㉙）。店內很狹小，只有五個吧台座位、兩張桌子。

更科 YOSHIKI

正如店名所示，這間店是專賣江戶流的更科蕎麥麵。曾幾何時，蕎麥麵成了不是那麼容易親近的食物了。蕎麥麵迷們雖然和拉麵迷喜愛的東西不同，但說到吃，他們會充滿熱情，這點倒是很類似。若說還有什麼共通點，就是他們對細節很囉唆、把食物捧上天、會邊皺眉頭邊吃。還有，他們不厭其煩地喜歡排隊。

雖然京都也有好幾間蕎麥麵店拿下了米其林星星，但每間我都敬而遠之。有些蕎麥麵店的菜單種類很多，若一不注意，最後點的餐都不像是在蕎麥麵店了。但有些菜單少的蕎麥麵店，需要等上很久，端出來的卻不成正比。說得清楚點就是無法取得平衡。看到在炎熱夏天排隊等著吃蕎麥麵的客人，我抱著敬佩之情，心想他們一定很狂熱吧。

「更科 YOSHIKI」是一間恰到好處的蕎麥麵店。話雖如此，難道這裡會比起摘了星星的蕎麥麵店還差嗎？完全不是這麼回事。這裡吃得到具備三要素——香氣、口感、味道的蕎麥麵。而且午餐時間還能用一二三〇圓吃到「小炸蝦飯與蕎麥麵」套餐，實在是令人開心的蕎麥麵店。

這間店我最喜歡的，是炸天婦羅。什錦炸天婦羅是東京風味的，厚厚一片非常好吃。一手端著酒、一邊吃著炸天婦羅，再來一份蕎麥麵剛剛好。若正值冬天，可以點加了料的「什錦炸天婦羅蕎麥麵」，一份一五三〇圓。若點的是冷蕎麥麵，可以加價一百圓改成更科蕎麥麵[19]，蕎麥香氣誘人，更有滋味。我總想著哪天晚上要來這兒慢慢地從玉子燒開始吃起，接著是炸天婦羅、然後再吃個蕎麥當作結尾，但總是沒能實現。

不用拘泥於有沒有星，這間蕎麥麵店，即便不是冬天我也很推薦。

生蕎麥常盤

若覺得還是不滿足，想造訪更沒有束縛、沒有門檻的店家，那麼我有一間推薦的店，在寺町三条交叉口往北的地方。「生蕎麥常盤」（地圖F㉒），這是間正統蕎麥麵食堂，創業於明治十一年（西元一八七八年）。寺山修司[20]曾說過：「把書丟了，往街上去吧！」我則想說：「把束縛丟了，往常盤去吧！」這間店想必會讓老饕們欣喜萬分。

只要站在店門前，看著排得滿滿的食物模型就令人食指大動了。這間店我推薦一定要吃一次的是「鯡魚蕎麥麵」。裝在竹篩裡的冷蕎麥麵以及整片的醬油甜煮鯡魚。搞不好找遍京都所有蕎麥麵店，還找不到這道料理吧。一般的店若提到鯡魚，都是盛在溫熱的蕎麥麵上，這裡則是用冷蕎麥麵配上醬油甜煮鯡魚。我第一次點這道料理時，還真不知所措。究竟要怎麼吃才好呢。

住在關東地區的人可能不太了解，在京都，若提到蕎麥麵，人們首先會想到的就是鯡魚蕎麥麵。不過這裡指的，是把醬油甜煮鯡魚盛在溫熱蕎麥麵上的吃法。吃的時候，先把鯡魚放進湯汁裡，然後先吃蕎麥麵。等鯡魚吸飽湯汁之後，再咬一口。接著把蕎麥和鯡魚配在一起，一同放入嘴裡。也就是說一般的鯡魚蕎麥麵，吃的是熱鯡魚，不過這間店卻只提供放在竹篩裡的冷蕎麥麵，而且鯡魚也不是熱的。

而且這裡的筷子以及桌上放筷子的容器，實在很有意思。「請按下紅色按鈕，筷子就會出來」，我照著指示做，果真筷子就跑出來了，這種趣味很令人開心。

雖然說鯡魚蕎麥麵是這間店的特色，但若冬天造訪這間店，還真令人猶豫該不該點，因此我不覺得非吃不

生蕎麥常盤

可。那麼換個方向，改點「炸牛排丼」如何呢？或是冬天才有的炸牡蠣。如果說想和剛才的「鯡魚蕎麥麵」一樣有噱頭，那麼我毫不猶豫會推薦「炸牛排丼」。這也是外表很特別的一道料理，絕對是在其他店看不到的。

蛋花丼的中央擺著一片海苔。然後海苔上擺著三片炸牛肉切片，上面還淋著番茄醬。這又要怎麼吃才好呢？我又摸不著頭緒了。讓我不禁心想，這間「常盤」，好像很喜歡讓客人不知所措呢。翻一翻蛋花丼，會發現醬汁不少，而且是清淡口味的。和淋著番茄醬的炸牛排一同入口，雖然說不上讓人覺得對味極了，但也不能說完全不配。這麼說來，這就像是淋著番茄醬的蛋包飯，再加上炸牛排，沒什麼不對勁的。也許「常盤」的主人就是這麼想的吧。這份滋味加上紅味噌湯，只要八百圓，實在沒什麼好挑剔。若想要噱頭，請來試一次。話雖如此，離開之後我反芻這份滋味，覺得搞不好這是會令人上癮的味道呢。

矢田寺的送別鐘

飽餐一頓後，再回到冬天的街道上吧。首先是就在「生蕎麥常盤」南邊的矢田寺（矢田地藏尊）（地圖F）。

我在《京都：夏季遊》當中寫過「六道參」，也就是指六道珍皇寺（地圖H）在中元節迎接祖先的「迎來鐘」。鐘聲響徹極樂淨土，迎接冥途的精靈們前來。

既然有「迎來」，那麼就有「送別」。送別的鐘聲，將精靈們送回他界。這正是矢田寺的「送別鐘」，與迎來鐘正好成了一對。

門面窄、裡面深，這座寺院的入口很狹小。兩側燈籠成列，燈火將人引導至鎮座在深處的地藏菩薩。「矢田地藏尊」與奈良大和郡山的古剎

矢田寺的「送別鐘」

矢田寺，有很深遠的關係。

平安時代，京城有位奇人小野篁[21]，他能遊走在這個世界與他界之間。他聽了閻魔王的提議，邀請奈良矢田寺的上人到地獄一遊，這位上人就在地獄遇見了救贖罪人的地藏菩薩。回到人界的上人，得到小野篁的協助，建立了一座寺院，祭祀地藏菩薩。之後地藏菩薩經歷許多曲折，最後鎮座在京都。

矢田寺往北幾棟，有座淨土宗的寺院**天性寺**（地圖F），這兩座寺院當初都不在現今的位置。經歷了戰亂、大火以及豐臣秀吉這三「難」，顛沛流離之後，總算被建立在現今的地點。寺院或神社能夠長久位於同一地點，可說是和平的象徵吧。

提到這座天性寺，又號「曼荼羅山當麻院」，是淨土宗的寺院，祭祀的是阿彌陀如來。

天性寺的辯財天

穿過雄偉的山門，到本堂祭拜之後，境內深處還有一座祠堂。這是位於古時大和國（約現今奈良縣）天川一地「天河辯財天」的分祠。

「天河辯財天」是有名的「能量景點」，尤其是藝能相關人士信仰深厚。有名的偵探淺見光彥[22]也曾與這個神社有關，因而知名。

這座神社位於深山之中，必須要鼓起勇氣才能前往，值得感謝的是能夠在京都市街內遙拜。我想大部分的導覽書，都沒提到這些吧，我也是實際造訪之後才知道的。其實不只限於京都，只要提到旅行，基本上就該用走的。無論是松尾芭蕉的時代或是現代，這點都不曾改變。

Smart 咖啡店

在此歇息一會兒吧。山門的對面，有一間「Smart 咖啡店」（地圖F㉑）。推開正門，會見到一台很大很顯眼的紅色磨豆機。即使現今簡餐店當道，在京都，主流還是咖啡店。「INODA 咖啡」、「前田咖啡」，以及這間「Smart 咖啡店」，每間都有各自的擁護者。他們甚至宣稱早上若不喝店裡的咖啡，早晨就不會來臨。

雖說是咖啡店，前面列舉的這幾間，每間都提供了獨特的美味料理，大部分都是懷舊口味的洋食。這間「Smart 咖啡店」也不例外，在二樓可以吃到很正統的洋食。奶油可樂餅、炸蝦、漢堡排、豬肉排，每樣都很好吃，我最推薦的尤其是一〇五〇圓的蛋包牛肉飯。

這裡的蛋包，不是現今那種口感軟嫩的蛋包，口感紮實、蛋味濃厚。並不是每道料理都要柔軟嫩Q才好吃的。煎得薄薄的蛋皮，包上沾了番茄醬的米飯，送入口中的那份美味，是很有京都風情的。

若過了午餐時間，點杯咖啡也不錯，如果還有些餓，那麼何不嚐嚐著名的鬆餅。融上奶油、淋上糖漿，切開的當下就覺得很好吃了。冬天來上一份，連心底都暖起來了。

「Smart 咖啡店」的鬆餅

吃飽喝足離開後，往北隔一間店的地方，有間二手書店「**其中堂**」（地圖F⑳），這是間專營佛教書籍的店。抬頭瞧瞧，會見到屋簷上面有著很奇妙的欄杆。這真是很適合佛教書籍專門店的「看板」。

其中堂

走過剛才介紹的桂月堂、鳩居堂，再往北走去。

寺町通從三条起至御池的這一段，有許多工房、藝廊、畫廊、異國商品店等等，是有些奇妙的「藝術」街道。其中最特別的，是民族樂器店「**民族樂器 KOIZUMI**」（地圖F⑰）。

店裡擺滿了許多樂器，看了也令人完全搞不清楚是哪個國家的、要怎麼彈奏。若有興趣請向店家詢問，對方會很親切仔細地指導。

本能寺的防火銀杏

若對音樂興致不高，那麼可以往對面走，前往此處最有名的**本能寺**（地圖F）。

這個寺院有名到足以改變歷史[23]。如果提到這座寺院的詳情，想必會說個沒完，我想應該一般導覽書上都有介紹，所以詳情我就不在此贅述了。我只想介紹一個必看之處，那就是「防火銀杏」。

我在《京都：秋季遊》中提過「**西本願寺**」（地圖L）的防火銀杏，同樣的樹在這座本能寺也有，據說這棵樹也是會噴出水，因此能在火災中逃過一劫。

就是位於本堂深處東南角的這棵巨樹。天明大火[24]時，這棵樹噴出水，不僅防止了大火蔓延，還讓躲在這棵樹下的人們倖免於難，撿回一命，看來可推測噴出了不少水。

本能寺的「防火銀杏」

至於為什麼會有銀杏樹噴水的這種傳說呢？祕密就在銀杏樹的葉片當中。只要摸摸看就會知道了。銀杏的葉片很厚，聽說是因為裡面飽含水量，的確摸起來又厚又豐潤呢。對防火有益，因此許多街道都種了銀杏。前陣子流行的健康食品，是銀杏葉的萃取汁液，有防止失智的功效，搞不好就與葉片的豐厚汁液有關。

「龜屋良永」看板

讓我們再度回到寺町通上，走到商店街的盡頭，就是御池通。位於此處西南角的，就是和菓子店「龜屋良永」（地圖F⑯）。對京都人來說，比起店名，此處的商品「御池煎餅」還更令人熟悉。

這個煎餅口感又輕又軟，帶著些許甜味，無論男女老少都合口味。京都人不論在喜事或喪事，都時常使用這個煎餅，可以說最適合當成京都伴手禮了。罐子上的標籤貼紙，是由棟方志功[25]所設計的，看板上的字則是武者小路實篤[26]所題。這樣應該能夠理解店主的喜好了吧。

這麼說來，這個「御池煎餅」，越嚼滋味越好，讓人緬懷起白樺派、民藝等等全盛的大正時代。隔著御池通對面是「京都市公所」。雖然建築老舊，好幾次被議論是否需要改建，但這樣有風味的建築是無可替代的。

有品味的購物街

跨過寬廣的御池通，左側正對著市公所的，是好幾間類似的洋風建築。越過接二連三的商店，穿過押小路通，往北數幾間，有棟被夾在大樓之間、脫俗的兩層樓日本建築「清課堂」（地圖F⑭）。

錫工房「清課堂」這氣勢磅礴的看板文字，是由鐵齋所題的。只憑字就大致能了解這間店，可見看板文字有多麼重要。這和現今所謂的設計商標，旨趣稍有不同。文人

御池煎餅

清課堂

墨客、藝術家，這些人們的屬性又是如何與店家結合的，可說是看板文字的趣味之處。

「清課堂」的商品每樣都非常美。茶器、酒器、裝飾品，每樣都作工精緻，又具備著「實用之美」。若想挑個紀念品，那麼銀製的耳掏不錯，大概三、四千圓就能買到。不僅外表漂亮，使用起來又很舒適，不怕會被折斷，可以放心掏耳。拿來當成禮物一定會很討喜，因為「能夠搔到癢處」。

這區有許多古美術品店，其實樣貌早已變了許多。原本有間水果店「八百卯」，是梶井基次郎短篇小說《檸檬》的舞台，店也關了。過了二条通之後，位在東側的烤地瓜店「川越芋」也不在了。這些名產品店不在了，真令人覺得

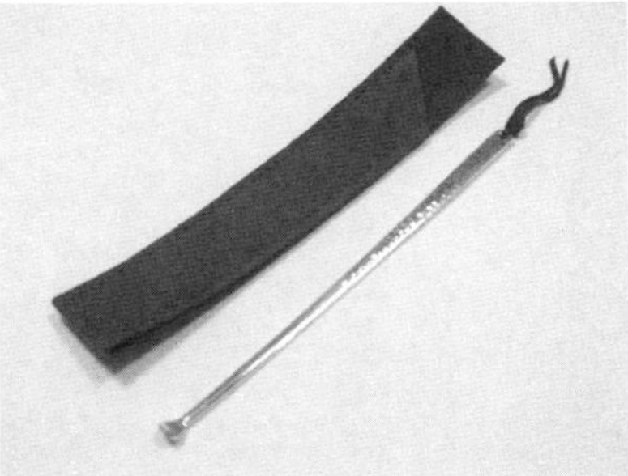

銀製的耳掏

寂寞啊。即便如此，再往下走，到了二条至丸太町一帶，道路兩側有些具特色、又有京都風情的商店，很適合邊走邊買。

首先是東側的「**村上開新堂**」（地圖F⑬）。冬天的特產品是「好事福盧」。將橘子掏空，把果肉做成果凍的甜品，販賣期間及數量都有限，並非隨時都能買到，請一定要預約了再來。這是一道很清爽的點心，受到池波正太郎[27]喜愛。

往北數幾間的「**紙司柿本**」（地圖F⑫），可說是專賣和紙的百貨店。除了和紙之外，還有各種和紙加工製成的文具，店內陳列著各式各樣的商品。

對面的「**古梅園**」（地圖F⑩）是販賣文房四寶的店。若想選購和風文具，姊小路上的「鳩居堂」和這

村上開新堂

古梅園

間「古梅園」，大致都齊備了。

西側往北的「**大松**」（地圖F⑨），是受京都人喜愛的魚店。特別是若狹鰈魚之類的，不少京都人只買這裡的，不做他選。

再往北側，是我會在下一章提到的壽司「末廣」。這裡的對面，也就是東側，是我已經介紹過數次的茶鋪「**一保堂**」（地圖F⑪），我就在此省略了。

這條街上並列著許多藝廊及古美術品店，充滿了文化氣息，在此散步令人愉悅。

接下來到了與夷川通的交叉口，從交叉口往西就是家具街。道路兩旁有許多家具店，許多京都人會在此選購家具。

若是走累了，想小歇一下，那麼西側正好有兩間適合的店。「**進進堂寺町店**」（地圖F⑦）與「**Chez La Mere**」（地圖F⑥）。前者是麵包店兼咖啡廳，在京都也可稱得上是老店。

「Chez La Mere」的蛋糕

可以享用三明治之類簡單的餐點也可以買麵包，非常值得推薦。後者是小巧又令人喜愛的咖啡店，這裡的蛋糕是內行人才知道的隱藏美食。要造訪哪間，可以隨喜好及心情來決定。

革上人與八所御靈[28]

往北走到竹屋町通，這條路像是一直延續下去一樣，會接到位於東側的山門。這是天台宗寺院**行願寺**（地圖F）的山門，不過京都人大多稱它**「革堂」**。

來自豐後國（約現今大分縣）的行圓上人，原本是獵人。他喜好狩獵，某次在山中獵到了雌鹿，見到鹿從肚子中生出了小鹿，從此悔改不再殺生，皈依佛門。他來到京都，得到加茂明神授予的神木，將其刻了千手觀音並且祀奉，這就是行願寺的由來。行圓上人念佛時總纏著鹿皮不離身，因此又被稱為「革上人」或「革聖」，寺院也被稱為「革堂」。

本尊當然就是千手觀音像。這是西國三十三所觀音靈場的第十九號參拜地點，因此可見到許多參拜者的蹤影。堂內的「壽老人」像，是我在第一章所提到的「都七福神」之一，因此這間寺院的參拜人潮總是絡繹不絕。

室町時代有所謂的「町堂」，也就是街坊民眾的聚集場所，總是很熱鬧。上京一帶的町堂便是這間「革堂」，下京一帶則是前面所提到的「六角堂」。這兩處都是匯集了街坊民眾的地方，因此也具備集會所的機能。與這個熱鬧場所成對比的，是位於道路對面北邊的**下御靈神社**（地圖F）。這間神社被夾在冬日的枯枝中間，寂靜地佇立著。

革堂（行願寺）

這間下御靈神社，與建在應仁之亂發始地的上御靈神社，是成對的。兩者皆被尊為「京都御所」的守護神，其中特別是靈元天皇特別尊崇這間神社。

境內湧出的靈水，與京都三名水之一「梨木神社」的染井來自於同一個水源，因此知名。在這可見到許多人拿著寶特瓶來裝水。

遺憾的是這裡讓人感覺稍微荒廢了，不過每年五月的祭禮，可是熱鬧非凡。寺町通從丸太町至二条附近一帶，排滿了攤位，無論男女老少都穿過鳥居，來到這間神社。這裡祭祀早良親王[29]與其後共八位神靈。原本位於一条京極交叉口一帶，後來幾經搬遷，據說移到現今的地點，是奉秀吉之令。從烏丸五条一路走來，好幾次見到秀吉的足跡。說得好聽，是他整理劃分了街道，說得不好聽一些，是他擅自更動了街道。

下御靈神社的井

冬日散步京都，見到的就是時代。這便是我主張京都是個「時代都市」的原因所在。

1 原文為「天使突抜通」，「突抜」有穿越、通過之意。

2 京都五所著名佛教臨濟宗的寺院。

3 藤原俊成，平安時代後期至鎌倉時代的貴族、詩人。

4 橘行平，平安時代貴族。

5 關西風味的鰻魚燒烤方式，從魚腹剖開，連頭、魚鰭一起燒烤之後再塗上醬汁燒烤。

6 僧侶法然所率領的吉水教團受到其他教團打壓，被控告禁止念佛，法然及其弟子有的被判死罪、有的被流放。

7 親鸞上人，西元一一七三年—一二六三年，鎌倉時代僧侶，為淨土真宗的宗祖。

8 「山鉾」為祭典當中的神車神轎。

9 這是用來表示京都歷史悠久的玩笑話。認為對京都人來說，前一場經歷的戰爭並非二次大戰，而是室町時期的內亂「應仁之亂」。不過京都在二戰受到的空襲比起其他許多地方來得少，因此的確有部分京都人認為上次經歷的大規模人災是「應仁之亂」。

10 「具足」發音「GUSOKU」，「糞」發音為「KUSO」。

11 卑彌呼，西元一七〇年—二四八年，古代邪馬台國的女王。

12 邪馬台國是二、三世紀左右存在於日本列島的國，但究竟位於何處，現今仍未有定論。

13 小野妹子，約生卒於六世紀末至七世紀，飛鳥時代的政治外交家，曾以遣隋使身分被派到隋朝。

14 「參籠」指在神社或寺院閉關。親鸞上人曾在此參籠一百天。

15 竹內栖鳳，西元一八六四年—一九四二年，日本畫畫家，是近代日本畫先驅。

16 良寬和尚，西元一七五八年—一八三一年，江戶時代後期僧侶、漢詩人、書法家。

17 富岡鐵齋，西元一八三七年—一九二四年，明治大正時代的文人畫家、儒學者。

18 熊谷直實，平安末期至鎌倉初期的武將。

19 「更科」是指用蕎麥中央部分磨粉製成的白色蕎麥麵。

20 寺山修司，西元一九三五年—一九八三年，詩人、劇作家。

21 小野篁，西元八〇二年—八五三年。平安時代的公卿、文人，異名「野相公」、「野宰相」，由於具反骨精神，又被稱「野狂」。

22 推理小說《淺見光彥系列》的主角，作者為內田康夫。多次被改編電視劇、電影、漫畫播出，因而知名。

23 天正十年，也就是西元一五八二年，織田信長的家臣明智光秀叛變，討伐身於本能寺的織田信長。當時本能寺發生火災，信長葬身火海，史稱「本能寺之變」。

24 天明八年，也就是西元一七八八年，京都發生史上規模最大的火災，當時的京都市街被燒毀八成以上。

25 棟方志功，西元一九〇三年—一九七五年，版畫家。

26 武者小路實篤，西元一八八五年—一九七六年，小說家、詩人、劇作家，「白樺派」代表作家之一。

27 池波正太郎，西元一九二三年—一九九〇年，時代小說、歷史小說作家。

28 平安時代，「御靈」指的是意外逝去的亡魂。為了防止御靈作祟，會舉辦鎮魂儀式「御靈會」。「八所御靈」是指京都上御靈神社及下御靈神社祭祀的一共八位神靈。

29 早良親王，西元七五〇年—七八五年，奈良時代末期皇族，雖為太子卻遭流放，抑鬱而終。因此其後皇室一連串事件都被視為其怨靈作祟。

第三章
冬季味覺饗宴

京都的寒冷，冷徹心扉。

即便地球邁向暖化，這份寒冷仍舊未變。我想是因為京都的這份寒冷，是溫度、或濕度這類科學數值無法計量出來的吧。

京都盆地的東、北、西三方被山包圍，冬日的寒風從每座山峰上吹過來。特別是東北方的比叡山，吹來的風被稱為「比叡風」，是會讓京都人冷得縮起頸子的。冷風打在臉上，會讓人凍得發痛。尤其是陰天的早晨。又暗又沉的雲朵之間，不時會射進陽光。但山峰上的冷風，卻又像是要把陽光吹走似地，吹落了下來。

「真冷啊。請多保重呀。」

「真的很冷呢。小心別感冒了。」

在街角相遇的京都人們，互相關心著。

為了抵抗寒冷，京都人凝聚智慧，在「食」上面下工夫。抵抗嚴寒的料理，大致可分為三種。一是「蒸」、二是「勾芡」、三是「九条蔥」。京都人用這三種度過嚴寒冬日。此外還有燉煮料理、鍋料理。有使用特別食材，也有家常菜。京都滋味，在冬日發揮到極致。

京都的蒸煮料理

末廣：蒸壽司

孩童時代的我，曾經確信一到了冬天，各地的人都會享用「蒸壽司」。可見對當時的我來說，蒸壽司是冬天不可或缺的樂趣。

清晨，冷風從比叡山上吹了下來。寒冷凍澈心扉的日子，就是最適合享用蒸壽司的日子。

大多時候，是祖父先提議的。

「打個電話給末廣吧。」

位於寺町與二条交叉口的「末廣」（地圖F⑧），是京

末廣

都獨有的壽司店。主要做外帶及外送，當時我家在河原町及荒神口交叉口，約半小時就能送來。

蒸壽司是放在有蓋子的蒸碗裡。我家是牙科診所，直到上午的看診結束前，都會把蒸壽司用報紙包了放在暖爐桌底下。當時沒有微波爐，大多是用這種方式保溫的。祖父結束工作後，便來到餐桌前。確認大家都到齊後，他就會慢慢地將蓋子打開。家人會跟著祖父一同將蓋子打開，然後拿起筷子。

紅色的蝦、桃色的魚鬆、茶色的香菇及海鰻，再用蛋絲將這些材料包裹起來。乍看之下和一般的散壽司沒有什麼不一樣，但溫度卻不同。蒸壽司熱呼呼地令人難以吞嚥，不過我卻一口氣吃了下去。帶有甜味的醋飯以及切成小塊的海鰻，和蛋絲搭配之下，成了美妙的和聲，讓我打從心底暖了起來。「末廣」帶來的這份熱氣，總是伴隨著家人們愉悅的表情。

這間店在茶舖「一保堂」對面。店內座位數量很少，不過在店內能享用到熱騰騰的蒸壽司。因為點了餐才會開始製作，所以也可在點餐之後先到寺町通逛街購物。和紙專賣店「紙司柿本」或古器具店、賣五色豆的「船 HAYASHI 總本店」等等就在附近。

在這個季節，京都街坊上的壽司店，賣的多是這種蒸壽司，有些店會在門口放上蒸籠，冒著熱騰騰的煙，藉此吸引客人。雖然每間都有各自的味道，但我對「末廣」以外的蒸壽司提不起興趣。也許只是因為這裡的壽司帶著我的鄉愁吧。

若不吃個京都的蒸壽司，我總感受不到冬天的來臨。

一平茶屋：蒸蕪菁

蒸煮料理還有另一樣值得介紹的，那就是「蒸蕪菁」。這道料理用的是代表京都冬天的傳統蔬菜「聖護院蕪菁」。將蕪菁搗碎之後，配上調味好的餡料，一同放在圓形容器裡蒸，然後再淋上許多用高湯做成的勾芡醬汁，這便是蒸蕪菁了。

京都的高級日本料理餐廳，冬天大多會供應這道菜。雖然每間店做的外表看起來差不多，但裡面放的餡料、勾芡的醬汁都有所差異，因此每間店的口味都完全不同，這便是蒸蕪菁的特別之處。

我推薦的是「一平茶屋」（地圖I㊸）。從「南座」沿著川邊往南走一小段，就會見到店門口的門簾。

可以從四条河原町交叉口一帶前往。跨上「四条大橋」時，迎面而來的是從河面上被吹起的風，令我不禁皺起眉頭、縮了縮身子。走到橋中央，便可遠遠地看到店門口的門簾。我加快腳步渡過橋，才剛跨進店門，迎面而來的熱氣便讓我的眼鏡起了霧。

我總猶豫是要點招牌「蒸蕪菁」的定食，價格為四三二〇圓；或是單點只要一千八百圓。如果是中午，那就單點，若是晚上，那就點份定食，配上熱清酒吧。

店家端上了淺底的蒸碗。

熱騰騰的勾芡醬汁，讓我的舌尖甜了起來，

一平茶屋

蕪菁的清爽帶來溫順的口感。為了防止燙傷，有個訣竅，那便是口中一邊含著空氣一邊享用。餡料有鯛魚、雞肉、百合根以及香菇等等。可能因為加了道明寺粉[1]用來調和，蕪菁感覺更有嚼勁了。濃稠的勾芡醬汁，一直到吃完為止，都還維持著形狀。

一面吃著這濃稠的口感，暖意一陣陣地沁入腸胃，心底也熱了起來。我每次吃完都會想著，來到冬日的京都，真是太好了。沒有什麼料理比這還更健康的了，吃起來還意外地很有飽足感。天氣越冷，就越令人覺得美味，這便是「一平茶屋」的蒸蕪菁。若造訪冬日京都，請一定要來試試。

祇園 松乃：蒸鰻魚

還有另一個蒸煮料理，就在「南座」的隔壁。

過了「南座」門前，往東走沒多久，就會聞到飄來的烤鰻魚香味。這便是代表京都的鰻魚店「祇園 松乃」（地圖I㊷）。夏天的「土用丑日」，人們必定會享用鰻魚飯，而嚴寒徹骨的冬日，最適合的就是「蒸鰻魚」了。

關東及關西烹飪鰻魚的方式各有不同。關東是先剖魚背，蒸了之後再烤軟，關西則是從魚肚切開，直接燒烤，將皮烤香。兩種各有不同滋味，而我喜歡關東吃法。正如我前面所提過的，京都的名店幾乎都是關東風鰻魚。

這間「松乃」也不例外，受歡迎的是這種柔軟的鰻魚。我跨進店裡，想瞧瞧用炭火燒烤鰻魚的模樣。店內裝潢很有民藝風格，像是預言了鰻魚的味道。

——鰻魚專賣店　正是在等待時刻　最令人愉悅——

等了又等的「蒸鰻魚」總算端上來了。朱色的漆器當中放了木箱，箱內兩側紮實地擺滿鰻魚，中間夾著像是炒蛋一樣的蛋。

這間店是用木湯匙舀來吃。因為鰻魚太柔軟了，如果用筷子，會從筷縫中掉下來。蓬鬆柔軟的鰻魚，以及浸滿醬汁的熱飯，夾在中間的蛋不僅香甜，還會在嘴裡留下清爽韻味。

蒸煮料理最大的特色，就是不容易冷。鰻魚、米飯、蛋，我一面吃著，不知不覺連額頭都出了汗。冬天的鰻魚真令人難以抗拒呢。

京都的鍋料理

山家：爽口鴨肉鍋

從前貴族有個娛樂，是「獵鴨」。現今宮廷還留著這樣的習俗，在江戶川沿岸一帶有御用的獵鴨場。也許正因如此吧，京都人特別喜愛鴨。冬天的高級日本料理餐廳一定少不了烤鴨肉。將鴨肉烤上三分熟，淋上煮得甜辣的醬汁，再沾上日式黃芥末一同享用。或是把鴨肉和大蔥一同烹煮。

冬天的九条蔥[2]比平時更甘甜，和鴨肉做了完美的搭配。這種組合自古以來就被稱為「鴨蔥」，絕配程度是

「山家」店內

無人能敵的。

能夠嚐到各種鴨料理的，是位於洛北下鴨的店「山家」（地圖D②）。前些年，很遺憾的，有間京都一等一的雞肉店「鳥京」關店了，而「山家」便是繼承了鳥京的正統店家。從前我在《京料理的迷宮》（京料理の迷宮）一書裡也曾經介紹過，這裡雖然主打的是雞肉料理，但冬天受歡迎的是鴨。特別是把大阪美食「爽口鍋」裡的鯨魚肉換成鴨肉的「爽口鴨肉鍋」，很有京都風味，非常好吃。

爽口鍋當中不可或缺的，便是水菜。水菜是代表冬日京都的葉菜類，咬起來口感清脆，「爽口鍋」因此得名。鴨肉的野生香味，不輸給鯨魚的紅肉，和水菜成了絕佳的搭檔。

而且這裡離上賀茂不遠，現摘的蔬菜更展現出了美味。即便特地從洛中前來，這間店也不會讓人失望。

畑 KAKU：牡丹鍋

明明只是吃個肉，也要取個風雅的名字，這便是日本人的感性之處。這個民族將馬肉用櫻來譬喻、將鹿肉用紅葉來譬喻，而將山豬肉譬喻成牡丹，實在太巧妙。能將肉譬喻成花的，也只有這裡了吧。

烏丸鞍馬交叉口。若乘坐地下鐵，最近的是烏丸線的「鞍馬口」車站。從鞍馬口通往南，遇到第一個紅綠燈向西轉，立刻就會見到這間店。在京都，若提到牡丹鍋，一定會讓人聯想到這裡——老店「畑 KAKU」（地圖 D④），宏偉的門面正迎接著客人。這間名店不位於花街、也不位於繁華街道上，而是藏在這樣的小地方，這便是京都。

這裡的庭園非常漂亮，和室包廂也很豪華。為什麼會位於遠離花街的這裡呢？其實是來自「鞍馬口」這個地名。

古時，京都有個地方被稱為「京之七口」。由於京都四周被山包圍，若要進出，比起漫無章法的路線，還不如開個固定的道路。平安時代，不只七處，京都共有十處的

「口」。據推測，到了鎌倉時代，制定了「鎌倉七口」，後世稱為「京之七口」。雖然這七個口依照時代有所不同，但其中之一的鞍馬口卻一直未曾改變。

正如文字所示，這裡是鞍馬街道的出入口。位於深山裡的鞍馬一地，次於丹波，街道兩側有許多猛獸，其中最具代表性的就是山豬。不過這個鞍馬口，又是七口當中離御所最近的。御所裡面從前有狩獵場，這間店原本就是當作狩獵用的住宿處而起家。這間店把從前鄉下所吃的山豬鍋，做成京都風味的料理。

畑 KAKU

山豬肉的雪白油脂與紅肉，份量恰到好處，如果把肉片排成花瓣狀，那麼看起來就像牡丹一樣。這便是誕生於高雅宮廷、與野蠻僻地交界處的元祖「牡丹鍋」。在土鍋當中，放滿京都風味的濃厚白味噌，然後涮豬肉片來吃。光是這樣就很好吃了，如果沾了麼十一點半開始營業時就一定要踏進店裡，因為到了中午會很擁擠。

首先端上來的是頗有寺院風味的芝麻豆腐、飛龍頭[3]、放在小巧正方形容器中的前菜、炸日本薯蕷，接著總算是期待已久的湯豆腐。我推薦一個祕訣，是盡量把湯豆腐之前的這些料理留下來。如果服務員覺得奇怪而來詢問，就說是在等豆腐，用幾句話含混過去就好。

接著端來的是湯豆腐。鍋裡浮著的是切成三片的一大塊豆腐。由於沒有在加熱，建議立刻享用，就能吃到熱騰騰的豆腐。此時還會端上白飯，其實這個白飯可好吃了。剛才我推薦的祕訣，就是為了這個白飯，留下來的料理可以當成白飯的配菜。這麼一來，不只是湯豆腐，連附加的這些料理一併都活了起來。由於白飯可以無限續碗，所以造訪這裡時可以不用吃早餐，當成享用早午餐。

簡單至極的湯豆腐，似乎總是能夠挑起作家們的萬般思緒，時常在作品當中出現。池波正太郎認為不只是冬天，湯豆腐也很適合梅雨季節，因此留下了《梅雨的湯豆腐》這部作品。不過說到湯豆腐，誰都會想起久保田萬太郎[4]的這首詩吧。

──湯豆腐啊　走到人生的盡頭　帶來一絲光亮──

隨著年紀增長，更能感受湯豆腐的美味吧。

松川酒店：關東煮

京都與關東煮。好像有點相配、又不太合適。這麼一想，的確沒有以關東煮聞名的店。唯一位於祇園附近有名的，是歌舞伎演員們常光顧的店家。若不是想要揮灑銀子，我是不建議來的。

和這間店成反比的是「松川酒店」（地圖J㊽）。這間酒店提供「角打」，也就是指在店內享用，在京都很是少見。

松川酒店

愛。這裡對小孩來說可能太奢侈了，但每次一有機會，祖父還是會帶我來。

祖父的興趣是民藝與白樺派。而且已經超越興趣的程度，成為生活中的一部分。這間「十二段家本店」當時的老闆，就是與他一同嗜好民藝的朋友。

從花見小路彎進窄巷，有著整排的細格子窗，小小的入口掛著英文字母的看板《JUNIDAN-YA》。這裡從以前就有很多外國客人吧。一踏入店裡，滿頭漂亮白髮的老闆，會與祖父握手道聲歡迎，然後一定會抱抱當時還是國小學生的我。

我們大多坐在二樓的榻榻米包廂。踏上黑得發亮的樓梯，就到了充滿民藝的空間。這裡排滿了河井寬次郎、棟方志功、貝爾納・利奇[5]（Bernard Howell Leach）等人的作品。由於這些作品在我家中也時常能見到，因此我這個有點自大的小學生，還左一句右一句，批評這個白瓷如何啦、這個青花瓷的顏色怎樣的。我還記得當時大人們聽到這些話，都笑了起來。

十二段家本店

雖然已換了下一代接手，但店裡的氣氛卻依舊不變。

古伊萬里蕨手唐草的大盤當中，依人數擺放著很有巧思的前菜。這是用餐一開始的樂趣。我記得曾經端上過帶骨的雞翅、蒲燒鰻魚等等。前菜被分在各自的小盤當中，等吃得差不多了，就會端上銅鍋，放在鑲進桌裡的爐子上。

牛肉當然是霜降肉。把肉放到鍋裡的熱水中，接著沾上滿滿的芝麻醬，實在是很奢侈的吃法。我的祖母從老闆那兒學到芝麻醬的作法，現今這道仍是我家餐桌上的料理，比任何一間店的芝麻醬都好吃多了。當然也可能因為是記憶中的味道吧。

七道前菜以及一百七十克高級牛肉，這樣的套餐要將近兩萬圓。若以店內裝潢及「日本元祖涮涮鍋店」來看的話，絕對稱不上昂貴。若想吃簡單一點的，我推薦到面向花見小路上的分店。可以用三分之一的價錢享用同樣味道的涮涮鍋。

冬日暖胃料理

丸太町東洋亭：燉牛肉

這裡的餐點大概介於日式洋食與法式料理之間吧。在河原町與丸太町交叉口的東北角附近，有棟三角形屋頂的洋房，是京都人心所嚮往的店，長久以來位居此處。

這間店位於我已不存在的母校「春日小學」對面，已有很長的歷史，現今仍使用石炭烤爐來烹煮料理。

將高級牛肉以細火烹煮後，就是這種味道吧。這裡的口味總是與想像中的一樣，很令人開心。口味不出奇，堅守正統。正因為有這種店家的存在，京都才能一直保持京都該有的風貌。明明是走路五分鐘就抵達的店，但每次要來這間「丸太町東洋亭」（地圖F⑤）用餐，祖父總是會繫上毛織的領帶，穿上毛呢夾克。我到現在才懂，祖父應該是為了向料理表示敬意吧。

這裡沒有法式料理來得拘謹，但和街坊上的洋食屋相較之下，又讓人覺得嚴肅。歷史悠久的京都，時常有屋號相同、或是分家之類的情況。這間店也不例外，在京都另外還有同名的店舖，而且開了很多分店，很受觀光客喜愛。每個人喜好不盡相同，而對我來說，我心目中的「東洋亭」，就只有河原町丸太町交叉口的這間。

冬日的某天，在京都御所或是鴨川散步之後，若覺得寒冷徹骨，那麼我會毫不猶豫地走進這間店的大門。在這裡必定能品嚐到京都正統的肉料理。

大黑屋：大蔥蕎麥麵

從前蕎麥麵不像現今這麼受矚目時，京都的「大黑屋本店」（地圖I㊳）很特別地，蕎麥麵比烏龍麵還受歡迎。這間店位於河原町通與木屋町通、三条與四条之間，創業是大正五年（西元一九一六年），即將迎接百年的歷史。

就是後者。

濃厚的雜煮，又黏稠又甜，其實有很多小孩並不喜歡。可能是因為加了芋類，也可能是因為白味噌太甜。

若是用「**山利商店**」（地圖I㊻）的白味噌，那麼煮出來就會帶有爽口的後韻，這麼一來小孩也會吃得開心。由於這裡的味噌是生的，無法保存太久，必須每次使用時才購買。

這間店位於京都五花街之一的宮川町一角。從五条通與新宮川町通交叉口，稍微往北走，就會見到。從前這裡只做批發不提供零售，近年來許多客人聽聞好評而前來，因此總算可以訂購。甚至還在錦市場的「**麩嘉**」（地圖J㊾）寄賣。

當然這不只是能拿來做雜煮而已。平常拿來煮味噌湯也很美味，還可以變化一下，拿來做成冷湯。若要比喻，就像是和風馬鈴薯冷湯吧。夏天加個毛豆、冬天放入蟹肉，再放冷，就非常有韻味了，加上日式黃芥末，更有風味。不過請記得要在暖氣房中享用。

山利商店

松葉：鯡魚蕎麥麵

如前所述，在京都，大部分的蕎麥麵店，都會有這道「鯡魚蕎麥麵」。這是京都著名料理之一，是將醬油甜煮的整片鯡魚放在蕎麥麵上面。不過仔細想想，鯡魚也不是在京都捕獲的，為什麼會成為京都著名料理呢？答案就在「北前船」上。

從京都遙遙往北，在北海道的小樽，現今仍有所謂的「鯡魚御殿」，建在能夠俯瞰海的地方。據說從前這兒海中鯡魚群聚，漁獲量很大。當時運輸及保存技術都不如現今發達，鯡魚大多被製成只有魚身的乾貨，然後用北前船運到遙遠的關西地方。運輸路線大致上有兩條。一條是從面向日本海的敦賀路經琵琶湖，再到京都。另一條是繞一大圈經過瀨戶內海，然後從大阪運到京都。無論是走哪條路，鯡魚都

「松葉」的鯡魚蕎麥麵

造訪九州時帶回的「唐芋」，種植在現今的圓山公園一帶，可能和土壤很合吧，長出了許多。此外，從北國送來的鱈魚乾貨，花時間泡開之後，用京都的水以及高湯來烹煮成料理，很受京都的民眾們歡迎。但鱈魚乾貨並不便宜，而且只吃這一樣份量又不太夠，營養也不足。平野權太夫為了尋找能夠搭配的食材，最後找到了這個海老芋。試了之後發現很是搭配。

鱈魚乾貨味道強烈，這份滋味被海老芋吸收，剛好補足了海老芋不足的味道。兩者之間截長補短，就像是夫婦一般，甚至還被稱為「夫婦煮」。

來談談這道「芋棒」吧。細火烹調的海老芋，以及煮至黏稠的鱈魚乾貨。哪個是丈夫、哪個是妻子呢？不過在這兩者之間，還橫放著一絲絲黃色的柚子。聯繫著「芋」及「棒」的柚子，就像牽絆在夫婦之間的孩子一樣，是「配對食物」當中所不可或缺的。

在歷史悠久的京都，到處都有本家或元祖之爭。例如帆布店，京都人總是各自有擁護的店家。我家從祖父那代起，就是這間「平野家本家」（地圖H㊱）的擁護者。若沒吃過這裡的「芋棒」，就談論「京料理」，就像是不讀托爾斯泰，就談論俄國文學一樣。

祇園 OKARU：能平烏龍麵

京都的烏龍麵，大抵說來不太有嚼勁，口感軟爛。若吃習慣了大受歡迎的讚岐烏龍麵，那麼可能會覺得有點沒勁吧。雖然同樣位於關西，但大阪的烏龍麵，又有些不同。在大阪船場地方，有間「松葉家本舖」（現今的「宇佐美亭松葉家」），據說是「豆皮烏龍麵」的發祥店，這裡的烏龍麵雖然和京都的一樣軟，但比起京都的，還要更圓潤一點。

來看看這間「祇園 OKARU」（地圖 I ㊴）。京都的烏龍麵，主角其實是在高湯。可以把烏龍麵想成是配角，在美味香甜的高湯當中加得恰到好處。不過這裡的麵，滑入舌中一咬下去，一瞬間還可感受到嚼勁，柔軟中又稍微帶點稜角。

最適合這個麵條的，是勾芡。魚板、煮得甘甜的香菇及豆皮、青菜，還有濃稠勾芡當中少不了的薑末，把所有的口味融合在一起了。啜上一口烏龍麵，上面還裹著勾芡。話說蕎麥麵是用一口接著一口吃的，烏龍麵則是用吸食的。生薑很帶嗆，而濃厚香甜的高湯，讓人一飲而盡。

辨慶：辨慶烏龍麵

從前在五条大橋東側有烏龍麵攤，名為「辨慶」。拉麵攤不稀奇，但烏龍麵攤很少見。這裡的高湯及配料中的腱肉實在好吃，因此我好幾次在祇園喝完酒之後，到鴨川散個步幫助消化，然後好好品嚐這個攤販的烏龍麵。

可能因為交通管制或安全問題等等，攤販漸漸從京都街頭消失了。我很喜歡「攤販」，每次造訪還有攤販存在的城市，例如博多、吳市、高知等等，一定會到攤販去看看，然後懷念起從前京都的攤販。

我從前最常造訪的，是河原町與今出川交叉口的北邊，「妙音弁財天」前面一帶。這裡總是排著好幾個攤販，最多的是拉麵。到了半夜會聚集許多客人，甚至有不少饕客會讓計程車在旁邊等候，只為了吃上一碗麵。

回頭談談剛才提的「辨慶　東山店」（地圖Ⅰ㊼）吧。店面與當初攤販的地點幾乎一樣，大概只有往東移了一些。

辨慶

這回可不是攤販了，有屋頂也有牆壁，是一般的店面。從五百四十圓的「清湯烏龍麵」，到七百五十日圓的「天婦羅烏龍麵」，這裡的菜單上有各種價格合理的麵類可選擇。其中比較特別的是七百五十日圓的「牛筋烏龍麵」。加了牛筋這點，可說是攤販時期留下的風格吧。

我喜歡的是九百三十日圓的「辨慶烏龍麵」。裡面有煮得又甜又鹹的牛筋及豆皮、牛蒡等切成細絲的根莖類，與富有彈性的京都風味烏龍麵可說是絕配。

這裡營業到半夜三點，喝完酒之後可以來這裡吃麵，中午也有營業，下午來碗烏龍麵也不錯。

不是大阪、也不是讚岐，若要說起京都的烏龍麵，就是這種味道了。

京都的居酒屋

赤垣屋

「川端與二条交叉口往南，靠東邊。」過了傍晚，我坐上計程車，告訴司機去處。

「是要去『赤垣屋』嗎？好的。」司機透過後照鏡看了看我，如此回答。

「赤垣屋」（地圖F⑮）可說是讓全國居酒屋迷們垂涎的店，是京都首屈一指的有名居酒屋。這間店究竟為何「有名」呢？只要穿過繩門簾，立刻就會得知了。

對我來說，有名居酒屋的首要條件是「燈光」。絕對不能太過明亮，但又不能太暗，讓人連吃的是什麼都搞不清楚。雖然對年輕情侶來說，能夠拉緊距離，但若是單獨客並排在吧台座位上，太暗的話會讓人覺得很不舒服。

有名居酒屋的第二個條件，是「客源」。那些高談闊論的客人就不在討論範圍了，但若客人們死氣沉沉地並排喝著酒，也很破壞興致。一踏入店裡，見到左手邊L形吧台座位上並排的客人身影，就可推測出這間店的「客源」很好。

第三個條件就是「恰到好處的雜亂」。若像高級日本料理餐廳般整齊，會令人不舒服，太過雜亂又會讓人感覺不乾淨。基本上，就算廚房裡稍微雜亂，在客人面前也要整齊。

第四個條件是「應有盡有」。菜單當然越豐富越好，但重點還是在於內容。要有像高級餐廳程度的料理，也要有居酒屋才有的簡單料理。讓人能夠盡情選擇，才是樂趣所在。當然需要使用上好的食材，以及適度的、有品味的調味。

第五個條件是「恰到好處的待客」。如果像連鎖店那樣，點一道菜就會被覆誦、還被道謝，也很令人困擾。但若一句回答都沒有，客人連究竟點了沒都搞不清楚，也太過冷淡。

最後的條件是「價格」。當然不期望超級便宜，但如果拿到的帳單不像居酒屋該有的價錢，會讓人立刻從酒醉中醒來吧。這間店有吃有喝，大概在五千日圓上下，實在是

柏井壽觀點：京都食店的轉變

「食」的兩極化

「食」的兩極化，持續發展中。以祇園為中心，許多店家急速進駐京都。我在春、夏、秋篇當中也寫過京都店家的狀況，而這股潮流現今似乎更為加速了。以最近來說，不只是和食，就連義式、法式料理，店家都從關西近郊轉移到京都的中心地點。由偏僻地區搬移到京都，成本會提升，也必須捨棄原本在地方上的客源。寧願承擔這樣的風險也要在京都開店，想必是成功能夠預期吧。

除了東京這種國際性的都市，沒有其他都市的「食」會像京都那麼備受矚目。人們不斷關注著這裡有什麼樣的「食」、又有什麼樣的店開張了。尤其是以「京都『食』情報」維生的人，睜大眼睛四處尋找新店，搶先介紹引以自豪。

身為經營者，也無法忍受在偏僻地區做著無趣的生意，眼睜睜看著只有京都的店家備受矚目吧。決心到京都市街開店之後，果不其然。才不到三個月，就吸引了部落客們注意，大獲好評。為了要彌補提高的成本，當然也會漲價，但客人仍然會前來，甚至平日中午還有餘裕能夠店休。來到京都開店真是太好了。就這樣，所有的店都以京都為目標……。京都的「食」，價格漸漸高漲。京都的和食高價得好像與經濟不景氣完全無緣。

另一方面，當然這不僅限於京都，「內食」潮流正在進行中。如果是在家好好煮飯就算了，但有些家庭吃的根本稱不上料理，連即時食品都端上桌了，實在很令人困擾。許多食譜等內容空洞的「料理書」，大受歡迎。「只要攪拌就好了」、「只要排在一起就好了」、「一下就能做好了」，這些句子充斥在標題當中。這樣的內容還要看書學，是很丟臉的事情。

若想在家裡好好做料理，其實是很費工的，程序也不簡單。但卻有自稱「京料理研究家」的人，還開了料理教室，只花兩小時指導「京都的年菜」，令人不予置評。若是真正在京都家中長大，想必應該了解做年菜是多麼麻煩又辛苦的事情。

外食價格高漲、內食變得簡單。這是近年走向兩極化的傾向，而「京都的食」亦然。

「京・祇園」地位變輕

這種傾向不只展現在「食」之上，「京」的地位也漸漸變輕了。「京」這個字很草率地被用在各種商業空間之上，許多京都人只能皺眉旁觀。特別是「京料理」的氾濫，令人不忍目睹。

首先變輕的，是「祇園」。

大概在四分之一個世紀前，我還是學生時，祇園有不成文的隱性規定。那便是無論金額多寡，所有買賣都有相對應的店家。店家當然堅守自己的領域，誰都不會踰矩，和平共存。

有些店，即便自己能夠負擔得起價格，身為年輕人還是不敢踏入。當然，就會有一扇看不見的門被立在那裡。直到累積了經驗，覺得自己與人生的前輩們意氣相投的那天到來，那扇門才會被開啟。

因此無論什麼時代，「祇園」都是人們憧憬的地方，對在京都生活的人們來說，說得誇張一點，是人生的目標。連身為客人都如此了，更別論能夠在祇園開店。這需要非常了不起的本事，以及一定的財力，否則無法實現。

但現今不同了。許多東京大型外食產業店家、從外地搬來的店家等等，一間間陸續開業。其中最令人在意的，是在有名料亭或高級餐廳修業過、三十歲出頭就獨立開業的老闆。

「才十年，根本稱不上修業。光是要把許多事情記起來，十年一下就過了。在那之後才稱得上是修業。四十歲之前要記得味道，之後才總算能夠從事料理人的工作。」我曾經訪問代表京都的高級日本料理餐廳「千花」（地圖I㊺）上一代老闆，已逝的永田基男先生，他當時的這番話令我印象深刻。

他表示，「只是記起來」與「修業」，是不同的兩件事。別論修業了，這些廚師才剛把事情記起來，就獨立在祇園開業。店面氣派，有著老舖的風格，店內理所當然地使用著價格驚人的珍貴器皿。主廚套餐要一萬五左右。既然是在祇園新開業的高級日本料理餐廳，當然會受到媒體矚目，人們讚不絕口。一瞬間就成了人們爭相預約的名店。

京都，特別是祇園這片土地，是「熟成」的街道。是花了很長一段時間，人們所製作、累積起來的街道。這些像即時食品一樣的店，和祇園這片土地是兜不起來的。若用京都方言來說，就是「不搭軋」。

天神市的菜刀

現今在京都最難預約的一家名店，剛開店時有個軼事，那就是「天神市的菜刀」。

這位廚師四十五歲時總算從修業的地方獨立，店鋪裝潢也大致完成，一切只等著開幕的那天了。盤點烹飪道具時，突然發現少了菜刀。他猛然想起，雖然買齊了好幾樣道具，但卻以為自己把用習慣的菜刀也帶了過來，所以沒有另外買。但準備好的資金，已經全部花在裝潢以及器皿上了。他望著錦市場某間烹飪道具名店的價格標籤，只能嘆氣。

沒有菜刀，餐廳也無法營業了。無計可施正想打道回府時，他突然想起那天有天神市。

他雖覺得不可能，但還是抱著一線希望前往「北野天滿宮」，邊走邊看著排成長列的古道具店。突然發現當中有一間店，擺著一組刀具。

這組刀具幾乎全新，而且很專業，當然價格也不算便宜。不過聽了事情原委，道具店老闆感受到他的誠意，因此願意用便宜的價格出讓。

跨越了這些困難，店總算開始營業。據說開了半年左右時，客人稀稀落落。廚師心想可能是料理不符合潮流吧，正打算改變經營方針時，就被媒體發現，客人也上門了。

這便是累積了長年以來的修業，總算獨立開業的例子。因此這裡一年比一年受歡迎，十幾年之後，成了能夠代表京都的名店之一。

知名高級日本料理餐廳的器皿

再來提提「濱作本店」（地圖H㊲）吧。據說今日的高級日本料理餐廳，原型是來自於這間店，因此是很有歷史的名店。第三代老闆喜愛的器皿當中，有個是民藝作家河井寬次郎的四方缽。這個缽很有民藝派風格，沉穩厚重，但有一部分破了，以金繼[9]修復。川端康成、谷崎潤一郎、白洲次郎等名人時常造訪這間店。即使不使用這件有瑕疵的器皿，也有許多其他器皿可用吧。說實話，我第一次見到這個缽時，心中是這樣想的。現在回想起來，可能是因為正巧我家有太多河井寬次郎的作品。

接著，這個器皿當中裝了料理。是豪華的帶殼龍蝦。殼朝下，龍蝦頭露在器皿外面，裝得滿滿的。殼裡面有龍蝦肉，上面裝飾著切絲的柚子皮。當這道料理被端上吧台座位時，我像是被雷擊中了一樣。

這道料理，只適合這個器皿了。老闆的眼神如此訴說著。色調、大小、質感，更重要的是器皿本身所擁有的力量。器皿本身雖然華美，但也只有它，能夠承受像武士的拔刀術一樣強勁的料理。我察覺到老闆是如此確信的。但這間店的老闆，絕對不會拿器皿來自豪。他的態度是若有人問起，才會回答。

器皿上面以金繼修補之處，增添了高雅風情。更重要的是，這個器皿的作者河井寬次郎，以及川端康成、還有上一代老闆之間，透過器皿留下了好幾件軼聞，更加深這個器皿的存在。即便不贅言，這些軼聞也成了器皿與料理的橋樑，加深了料理的韻味。如果用的是毫無關聯的已故作家作品，只當作名牌一樣來用，那麼又有什麼好表達的呢。

就像現下的拉麵風潮，道理也是相通的。什麼雙重湯頭啦、全蛋不加水的麵條之類的噱頭。這麼一想，就忍不住想吹毛求疵了，實在愚蠢。

這間「濱作本店」，自昭和二年（西元一九二七年）創業以來三代的老闆，以誠心接待了許多有名的客人。例如剛才舉的三位名人，想必不是一味地讚美這裡而已。可以想見有時他們會嚴厲批評，或是會有一些任性的要求吧。

正是有著九十年歷史的店，才會這樣使用器皿。器皿與料理，展現出了彼此的適性。如果還沒決定料理內容，就將器皿買齊了，那麼又有什麼意義呢？料理又要怎麼擺放呢？

接著要提的是「資訊」。與「天神市的菜刀」那時期相比，事情有了很大的變化。

網路資訊的功與罪

要說現今這個時代發展蓬勃、而當時還沒有的東西，就是網路資訊了。網路上四處充斥著美食部落格，其中的美食資訊量非常大。網路資訊可說是功罪各半，而最可怕的，就是相信這些資訊。如果相信網路上天花亂墜的資訊，那麼就會犯下很大的錯誤。認知會有所偏頗，而且態度會變得強勢。網路就是孕育出了這些危機。話說回來，那個有名的紅色導覽書，即便推辭了，資料還是會被刊載上去。而且還一廂情願地擅自決定店家的星星數量。

我到常造訪的餐廳用餐，和老闆聊到了有趣的話題。我們看法相同，認為比起從前，現在的年輕人耐不住比從前還寬鬆許多的修業，很簡單就放棄了，搞不好這也是其中一個原因吧。聽說現在沒有從前那種理所當然的鐵血政策，用的是溫和的說教方式，但只不過警告了幾次，年輕人就撒手不做了。「即使沒有經歷這種麻煩的修業，只要能獨立開店，就會有很多人支持的。和我同期的那個某某人開的，現在還不是成了排隊名店。」正是如此，那些未曾好好修業的年輕人們，尋找金主然後開店。金主們又拜託認識的骨董商，以資助為條件，網羅許多有名陶器作品。

骨董商又以地方名紳所推薦的店為標題，在雜誌的京都特輯中介紹這些餐廳。部落客及美食記者也追隨造訪，一瞬間，就成了「名店」的其中一員了。這種低水準的店，因為有話題性，因此那本紅色導覽書，還很慎重其事地介紹。一顆星、兩顆星……。這間店由於話題性，可能還會熱門個一陣子，但這和餐廳好壞的基準完全是兩回事，請務必留意。

「京都入門」令人憤怒

幫京都店家排名的，我本來以為只有那個紅色導覽書，結果幾年前發行的男性雜誌，還刊載了更愚昧的文章。這篇文章以金閣寺為背景，標題寫著「京都入門」。以京都人看來，就已經覺得很不知分寸了，裡面竟然還有「京都美味檢定」這樣的專欄，其中刊載了「嚴選三十間餐廳」，還依照級別來分類。

這裡面有我很推薦的店、也有不這麼推薦的店，但令人錯愕的是級別的分類。普通的、價格便宜的是初級，價格高的是上級。竟然有這樣的雜誌，用這些輕浮的詞彙，作出這種程度的分級，又是「入門」又是「檢定」的，真令人感到憤怒。

吃「出町FUTABA」的豆餅是初級，吃老店的鱉料理就是上級。藐視讀者也要有個分寸。刊載這樣的文章，還好意思寫著「京都入門」。這本雜誌其實曾經有前科。他們曾經採訪我前面介紹關於「天神市的菜刀」的那間店，訪談時惹怒了老闆。

雖然最近好像沒有了，從前這本雜誌的料理照片，一定是用俯瞰的角度拍攝。如果是拍法式料理就算了，用俯瞰的方式拍攝和食，是很不合適的，而原因竟然是雜誌取材的攝影師都將料理放在地上拍攝。把廚師花費心血所製作的料理放在地上，是在搞什麼呢。老闆不禁怒火中燒，宣告訪談中止。這是理所當然的吧。

不了解人情世故的傢伙們，當然不可能做好京都入門的文章。太小覷京都了。

戶，也很不錯。總之，各位也差不多該從執著於「京」這個品牌的旅行中畢業了吧。

稍帶點成熟的大津

已經有五年的時間，我都在近江草津度過週末。若想從ＪＲ京都車站前往草津，上樓梯之後要到第二、第三月台。基本上前往草津的琵琶湖線是第二月台，前往湖西的湖西線是第三月台，但有時候快速車及普通車會交錯著進站。若不小心搞錯上了車，那就到不了草津了。

琵琶湖線及湖西線，行駛到「京都」的下一站「山科」為止，都是走同樣的路線。接著分頭行駛，琵琶湖線的下一站是「大津」，湖西線的下一站是「大津京」，這兩條線分別沿著琵琶湖的東邊及西邊行駛。也就是說，造訪近江的時候，目的地是湖東或湖西，搭乘的電車是不同的。

或搭乘另一條連結京都及近江的鐵路，也就是京阪電車京津線。在「濱大津」站，分成前往湖東石山的電車以及湖西坂本的電車。總而言之，山科是湖東及湖西的電車交會點。

事情要回溯到平安京之前的一百三十年。中大兄皇子將都城設置在近江大津，訂定為大津京，成為天智天皇。一千兩百年前是京都、一千三百年前是奈良，而接著是大津。雖然還不到一千四百年那麼久之前，但我看到車站貼的海報標語，不禁笑了出來。

「建都近乎一千四百年的大津。比起京都、比起奈良，大津更稍帶成熟。」

真了不起啊，我真心地如此想著。海報上的圖片，不是名人、也不是吉祥物，是三位表情認真、扮成高貴貴族的男女。而且也沒有附帶什麼活動訊息。比起京都及奈良，這兒還更成熟。我想此處指的不只是年代而已，而是如同字面上所說的「成熟」。成熟大人是不會匆忙慌亂的。就這張海報看來，這種大器的態度，的確很成熟。

海報像是訴說著，比起這裡，奈良和京都顯得幼稚了。

那麼，近乎一千四百年前建都的大津，此後會變成什麼樣呢？若是如此擔心，就太多餘了。近江大津總是以平常心來迎接觀光客的吧。我並沒有看錯。我確信從此之後，近江的時代將會來臨。人們爭先恐後主張自我的時代將會結束，像古代平安貴族一般悠哉地等候的時代，將會到來。

這裡內斂、不造作地展現出街道的魅力。現今大津的模樣，像是以往的京都。冬日的湖西之旅，最初造訪的是以近江八景之一「三井晚鐘」知名的**三井寺**（地圖U）。不過在此之前，有必須造訪的地方。那就是「**大津市歷史博物館**」（地圖U）。這間博物館就在三井寺的北邊，最近的車站是京阪電車石山坂本線的「別所」站。當然若在「三井寺」站下車，或是JR的「大津京」站下車，大約走十五分鐘皆可到達。

大津市歷史博物館

「別所」站就在大津市公所前方。由於電車只有兩節車廂，因此月台很短，是很有風情的車站。過馬路，沿著市公所旁邊的路，往山的方向走，「大津市歷史博物館」就在前方。這裡雖然不太為人知，但時常會有很驚人的展覽。

京都是日本最多國寶的地方，和京都相較雖然顯得少了，不過其實滋賀縣擁有五十五件國寶。而這裡的展覽很稀有，展出滋賀縣其中的三十五件國寶。東京有國立博物館，而除了東京以外，全國擁有最多國寶以及重要文化財的就是京都，共有兩千兩百多個。接著是奈良，有將近一千四百個，然後是滋賀，有八百多個。因此滋賀是個擁有許多寶物的縣。

平成二十二年（西元二〇一〇年）的秋天，為了慶祝開館二十週年，這裡曾舉辦展覽「大津　國寶之旅」，在美術迷們之間頗獲好評。

其中最為轟動的就是特別公開的「黃不動」。這是「三井寺」所收藏的祕佛。也是世界最古老的、只單獨畫了一尊的不動明王像。這尊祕佛，究竟有多麼神祕呢？就連展覽文宣上都無法刊載照片，可見祕佛之神祕了。

京都也曾在平成二十一年（西元二〇〇九年），於京都

「大津市歷史博物館」常設展出的立體模型

東山的「青蓮院」公開展出「青不動」，引來許多觀客，一時蔚為話題。新聞數次報導排隊人潮，可見這個展覽有多受歡迎。我很驚訝原來世上有那麼多「不動」的粉絲啊。有所謂的日本三大不動明王，雖然說法不一，但大致來說，最常見的說法是這尊「青不動」，以及高野山「明王院」的「赤不動」，還有「三井寺」的「黃不動」。我是在展覽結束的兩天前造訪的。我心想一定人潮擁擠吧，結果一到了入口，鴉雀無聲，嚇了一跳。

我的入場券是預購的，因此可以不用經過售票口，直接前往二樓會場，但樓梯間也是一片寂靜。我心想難道搞錯日期了嗎？因此急急忙忙跑到樓上入口確認。結果，我沒搞錯展覽日期。稍微瞄了一下會場，的確有人在看展。我看了一下櫃檯小姐，她說今天的訪客已經比平常還要多了，然後我走進會場。若用食物來譬喻，這就像是中華料理的滿漢全席，擺滿了豪華的山珍海味。會場並不寬廣，但排滿了國寶以及重要文化財，若是普通的展覽會，可沒有這種陣仗。一般除了主要的展品之外，其他都只是前菜等級的程度而已，可沒有好料一道接著一道的。但來到這裡，看右、看左，轉個身再看看，全部都是國寶。這真是出乎我意料之外，讓我不知所措了起來。我並未順著行進方向的牌子觀看，而是走到哪看到哪，邊看邊驚嘆，甚至還喃喃自語。我的模樣一定很詭異吧。現場的工作人員好像還特地從椅子上站起來看了看我。

展品小至六公分大小的「水晶五輪塔」，大至一丈六尺高的「木造十一面觀音立像」，四面八方都鎮坐著神聖的寶物。看完了繪畫、佛像，接著總算要進入展示曼荼羅以及不動明王的展間了。我想「黃不動」的前面，一定擠滿了人吧，結果根本只有幾個人而已。究竟是該覺得惋惜、還是覺得慶幸呢。我趁著沒人的時候，站在「黃不動」的前面。

結果，我了解為何沒有人群聚集在前方的原因了。因為人們敗給了不動明王的氣勢。就像是兩隻狗在路邊遇上了，互相瞪眼，最終會有一方夾著尾巴逃跑的那種感覺。

黃不動也可視為大日如來的化身，是不可動搖的守護者，有這般氣勢也是理所當然的。就像是歌舞伎演員擺出架式那樣，若對上了祂那雙睜大的雙眼，眼神就會不自覺地想躲開。「黃不動」那對大眼，就像是四天王當中的「持國天」一樣，如果對峙上了，到曳山。我循著指示，往中央二丁目到一丁目之間走去。若是京都的祇園祭，到了山鉾巡行當天，到處都是人。如果從京都車站搭乘地下鐵前往四条烏丸，擁擠的程度不輸給東京的末班電車。在「四条」站下車後，就算想步行前往，也會被擠得很難前進。因為我知道京都這樣的狀況，所以我總是避免走過車站前的大路。

這裡的確也有前往觀賞曳山的人潮，但完全不到會把道路塞滿的程度。也有人手中拿著放有「粽」[2]的紙袋，與人潮反方向行走，可能已經觀賞完畢，急著趕回家吧。我緩緩地跟在人潮後面走了大約十來分鐘，抵達對方告訴我的中央二丁目。我想曳山隊伍應該已經要從一丁目方向過來了吧，結果往路上一瞧，大為驚訝。原來這裡是有著遮棚的商店街啊。若要用京都來比喻，就類似御池通往南至寺町通這一帶的商店街，但道路比起京都還要來得窄。曳山能夠通過這樣的窄路嗎？我心中感到訝異，往一丁目走去，結果看到曳山就在遠方，人潮正往曳山方向前行。

雖然知道這樣的譬喻很失禮，但我還是要說，這就像是「迷你版的祇園祭」。發出鏗鏘聲響行進的曳山，流瀉出的旋律也與祇園祭上布滿華麗裝飾、由當地民眾演奏音樂的山鉾很相似。曳山共有十三座，一座接著一座前行。由於全部都是江戶時代建造的，因此有些陳舊了。其中有和祇園祭同名的「郭巨山」[3]，也有現今在祇園祭上已不見身影、被稱作謎之山鉾的「布袋」。

雖然我剛才稱他做「迷你祇園祭」，但那只是外在的印象而已，實際上這是個「機關祇園祭」。大津祭有兩樣是祇園祭所沒有的，其中一樣就是裝在各個曳山上的機關。大津祭的十三座曳山，每個都有故事，並且設置著與這些故事相關的機關。而且這些機關，巡迴遊行時會在二十幾個地方表演。這在大津祭當中稱為「所望」，若遊行到這些叫做「所望」的地方，曳山就會停下來，啟動機關表演，這些表演非常有意思。

我一開始感到訝異的遮棚商店街，其實正好有遮蔽日曬的功用，最適合在這裡欣賞這些機關的表演。可能只是偶然，但卻是非常好的觀賞場地。不過這二十幾處被稱為「所望」的場所，究竟在哪裡，我完全不清楚。結果正巧，我就聽到貌似長老的年長婦人，正指著商店街的屋簷在解說。位於遊行路線上的民宅與商店，有些將二樓的窗戶打了開來，在窗框上掛著門簾或毯子。有些旁邊會掛著「御幣」[4]，這便是舉行「所望」的祭典與觀眾們融成一片。

「所望」結束後，曳山再度啟動，並且從上面丟下「粽」，觀眾們爭相伸出手。從前祇園祭也見得到這番光景，但近年來，為了避免危險，所以被中止了。

因此，大津祭才有、而祇園祭沒有的，第二樣就是投粽子。

若參加祭典的只有守秩序的附近居民，那麼就不會有危險。如果爭相搶奪粽子的觀眾增加，就會危險了。為了聚集觀眾，結果就是不得不廢止傳統。看了大津祭，讓我想起了京都進退兩難的狀況。

才正在想著，我就忍不住伸手抓起了飛過眼前的粽子。這是從「西王母山」投下來的。

「三井寺」的悲劇故事？

我們再次回到剛才的話題吧。離開「大津市歷史博物館」之後，前往三井寺（地圖U）。這裡的正式名稱為「長等山園城寺」，寺院腹地廣大，屬於天台宗，是大乘佛教。

平安時代的佛教中心，也就是最澄[5]所開創的延曆寺，橫跨京都近江兩地，正確位置其實是在滋賀縣大津市坂本本町。三井寺位於稍微南邊，理所當然同樣屬於天台宗了。

首先來瞧瞧以近江八景「三井晚鐘」聞名的梵鐘吧，看來許多參拜客的目標都是這裡。穿過大門後，金堂便聳立在前方，但排隊隊伍卻往左邊移動，人們感動地抬頭瞧著梵鐘。

這座鐘據說是慶長七年（西元一六〇二年）所製作，因此是桃山時代的作品。鐘比想像中的還要小。當時正好不是敲鐘的時間，因此沒能實現聽到鐘聲的願望，但能夠親眼見到三井晚鐘，我的心中留下了深刻印象。

我造訪這兒、詢問了鐘的由來之後，才知道這座鐘來自於「辨慶拖的鐘」。事情要說到平安時代。藤原家的武將打敗了三上山的蜈蚣，因此琵琶湖的龍神賜給他一座鐘，這座鐘被捐到了三井寺。其後，在三井寺與「山門」[6]的爭奪當中，辨慶取得了勝利，搶走了這座鐘，拖到比叡山上一敲，鐘便響起「INO、INO」的聲音。在關西方言當中「INO」就是「回去吧」之意。「那麼想回三井寺嗎！」辨慶一怒之下，將鐘

在「俵屋」待春

居住「俵屋」的五個理由

我在執筆本書時，在雜誌找到一篇報導，和我做了同樣的嘗試，介紹了第一章的「日日 月月」。這本雜誌歷史已久，有版面很大的圖片，我家已閱讀了幾十年。而「俵屋」（地圖F）旅館的這一代主人佐藤年女士，每個月都連載文章。由於這本雜誌照片很大張，因此文章並不顯眼，但內容卻很有意思。

我也知道說這種話太擺架子了，但那些書寫京都的筆者們，文章內容之拙劣，是無法否認的。我在夏篇曾寫過：「等待平成年間的岡部伊都子[1]出現。」而這個狀況過了幾年還是沒變，甚至可以說越來越嚴重了。電視的綜藝節目只會誇大其辭、大驚小怪，我並不覺得有正確傳達出了京都的模樣。

不過佐藤女士一直以來介紹了「俵屋」所傳承下來的事物，並且將對於每個季節的想法，依照月份書寫了下來。雖然篇幅並不大，但文筆細膩，令人深刻感受到這是精心雕琢出來的內容吧。若要比喻，那就像是堀辰雄[2]的著名文章〈淨琉璃的春天〉，或用同樣的女性作家來比喻的話，就像是幸田文[3]的文章〈和服〉吧。

我每個月愉快地閱讀著「俵屋相傳」，喃喃讀著這些優美的詞藻，並且總對她的想法心有戚戚焉。如果佐藤女士並非旅宿的主人，那麼她可能會成為超越「平成岡部伊都子」的存在吧。雖然覺得遺憾，但她將「俵屋」這樣的旅宿，守護傳承了下來，對旅人們來說，是再萬幸不過的事情了。

她在晚秋出刊的雜誌上，舉現下的蔬菜料理風潮為例，表示應該要戒慎「太過度」這件事。不只蔬菜，她對所有食物「太過美味」的這件事情懷著疑問，並且敲了一記警鐘，認為現今所有事物都「太過濃密」了。文章當中舉番茄為例，表示番茄的美味雖然令人開心，但番茄怎麼會帶有如此濃厚的香甜，是不是有點奇怪呢。的確如此呢，我不禁拍案叫絕。我也曾經在文章中提過好幾次「蔬菜」的事情。我在《京都：秋季遊》當中，曾寫到對於「熱過頭的京野菜風潮」感到擔憂。

或例如她提到夜間點燈。有時會有住宿客，希望庭園當中能夠有夜間點燈。但她卻覺得庭園就是在微亮當中若隱若現才是最美，因此拒絕了。這也正合我意。

無論櫻花或紅葉季節，京都的神社寺院競相著打燈，原來對這件事感到不快的，不只有我而已。讀到這裡，我覺得安心多了。若只是一間神社、兩三間寺院舉行夜間點燈，那麼還挺有風情，我也不覺得如何，但無論何處的寺院神社都舉行夜間點燈，招攬許多觀光客，究竟有什麼意思呢？我心裡總是這麼想著。紅葉或櫻花，到了夜晚想必也希望能寧靜地入眠吧。

這期晚秋出刊的雜誌，題名為「恰如其分」。果真是如此呢，現今的京都，有太多過「分」的事物了。像是町家或是京野菜，又或是京都高級日本料理。能夠知足，並將事情拿捏得恰如其分，便是永續的祕訣。世間稀有的著名旅館主人，如此教導了我。

她用清澄且透澈的美感來編織文字，這份美感也體現到了旅宿之上，而她細膩的思路，轉化成了完美的待客之道。我多次推薦「俵屋」，而若想造訪這間旅宿，最適合的季節，也許就是冬天吧。理由大致來說，有兩個。其一，是因為這是京都街上觀光客最少的時期。另一個理由，則是因為我認為沒有比這間旅宿更適合「待春」的了。

為何我會如此被一間旅宿所吸引呢？為何我會如此想在此住宿呢？我試著探討了背後的理由。

✽與庭園融合為一體✽

一般說來，旅宿的客房，最奢侈的便是獨棟形式了。能夠在被隔絕起來的空間當中，享受個人時光。但在京都市區，無法期望旅宿能有寬廣的空間。想在洛中建築一間間的獨棟客房，太過困難了，而且也有點讓人興趣缺缺。因為這樣就太過「分」了。因此我推薦「俵屋」。

這裡並非很寬廣的旅宿，走廊也絕對稱不上寬敞。客房與客房幾乎是相鄰的。但我無論住宿過幾次，即使只隔著一面牆，也不曾感覺到隔壁有其他房客。我總覺得很不可思議。

與現今在伊豆箱根附近那些建得十分豪華的旅館相比，這裡明明一點都不寬廣，但卻令人覺得像是獨棟客房，有種與其他客房隔絕的氣氛。真要說的話，我想是因為「庭園與房間融為一體」吧。

隔著一片玻璃窗，雅緻的庭園、內部陳設精鍊又感性的房間，融為一體。因此比起「獨棟」，這裡感覺還更「獨棟」。在有限的空間之內，創造出無限的寬廣。這便是「俵屋」客房的魔法。

✽細節之美✽

我不喜歡被人強迫欣賞「美」。而且若只有對方覺得美，事實上卻一點都不美，還得被強迫觀賞，實在會令人透不過氣。不只是旅宿如此，有些餐廳也會「以美為賣點」。

家具、花、掛軸、日常道具。真正美麗的，是不造作就佇立在那裡的。甚至不會讓人意識到它們的存在，一不小心就被忽略了。但若突然察覺，回首一看，便能夠賞到生氣盎然又沉穩的美景。

此外，真正美麗的，其實潛藏在細節當中，是誰都可能忽略的小地方。沒有什麼比不大肆宣揚、低調寂靜的景色還更美的了。住宿「俵屋」，我好幾次邂逅了這樣的景色。許多美，潛藏在細節或看不見的地方。

例如角度、或是面向。即便只是一朵花，也要以最完美為目標。房間的寬度、照明、日常道具。如果花朵位於其中，那麼應該要如何插放。這才正是「俵屋」的美。

✽讓人放鬆的陳設及寢具✽

不造成視覺上的障礙、不讓人心煩、又能將身體溫暖地包圍。視覺、心靈、身體，讓人放鬆，又能夠愉悅地露出微笑，這便是旅宿的日常道具以及陳設。

旅宿中最重要的，便是寢具。要睡在第一次見到的寢具上面，總是會擔心是否太小、太高，而無法讓人放鬆休息。不過這裡的寢具，甚至讓我連這種擔憂都忘了，一下就能入睡，還一覺睡到天明。隔天醒來，我看了看寢具，心想，難道這是什麼魔法嗎？不只有寢具而已。這裡雖然是初次造訪的房間，但也不會讓人特別「尋找」什麼。突然

了。而且最近還有一個傾向，是人們很容易嘴上掛著「感動」兩字。

我聽說京都某個有名的日式餐廳，教育員工要努力讓客人感動得落淚。聽說他們教導員工，客人造訪餐廳、享用料理，離開時能夠感動落淚，才是一流餐廳的證明。他們的標語是「超越感動的感淚服務」。

我心想，這算什麼呢，用字遣詞也不對吧。首先，認為流淚就是超越感動，就是搞錯了。可能受到近來許多低俗小說的影響吧，才會以為流淚就是最了不起的感動。這樣真的能夠做出適當的待客之道嗎？

藏在內心的欣喜，或是無法用言語表現的情感，才正是日本人所擁有的感動。不宣揚「款待之心」或是「令人身心放鬆」，卻徹底細心體貼客人，這正是「俵屋」的待客之道。

以上五點，還不是全部。正如村松友視[4]先生在名著《俵屋的不可思議之處》（俵屋の不思議）當中所寫的，「俵屋」還充滿了許多令人覺得不可思議的地方。我每次造訪，都想探究釐清這些不可思議之處，但總是無法如願。

在這裡住上一夜，離開時並不會眼眶泛淚，而是打從心底微笑。這便是「俵屋」這間旅宿。

價格划算的住宿

Daiwa Roynet Hotel 京都八条口

有間我期待已久的旅館，總算在平成二十二年（西元二〇一〇年）秋天，紅葉季節來臨時開幕了。說「期待已久」，也許有些誇張，但我在日本各地旅行時，總是會搜尋有沒有這間連鎖旅館「Daiwa Roynet Hotel」，可見我有多喜愛。

名古屋、仙台、金澤、岡山、博多，我多次住宿過這間連鎖旅館，每間都很舒適。尤其網路、桌子等設備對我的工作非常重要，而每間的設備都讓我沒得挑剔。

基本上，這算是商務旅館等級的吧，不過房間的寬敞度、床鋪的大小及舒適度，幾乎逼近主流旅館的單人房等級。這間「**Daiwa Roynet Hotel**」（地圖L）總算要在京都、而且還是ＪＲ京都車站的新幹線側，也就是靠近八条口的地方開店，我無論如何都想住住看，確認一下品質。因此我預約了開幕當天十一月一日的住宿，開幕特價是不含餐點只要七千五百日圓。

從京都車站八条口步行只要四分鐘，就能抵達這間全新開張的旅館，令我開心了起來。

說起來也不是什麼值得驕傲的事情，我是這間連鎖旅館的會員，每次住宿都能累積點數，這點蠻令人高興的。還有一個好處，就是check in 時只需要簽名就好了。

因為我比較早 check in，所以幸運地被安排在七〇七房，是最上層的房間。

這間連鎖旅館有個優點，就是「恰到好處」。十八平方米的標準單人房，不會太窄、也不會太寬。床鋪稍大，因此保證能睡得好。窗邊有一排長桌，能夠讓人好好工作。真要挑剔，我

Daiwa Roynet Hotel 京都八条口

會希望椅子和床的距離再稍微遠一點就好了。

還有個板凳及小茶几，以單人房來說，已經很合格了。我立刻連上網路，想開始工作，結果不經意望到窗外景色，唉呀，看得到五重塔呢。望眼出去真是絕景，像是明信片一樣，也像是以京都為背景的懸疑劇片頭畫面一般。

如果沒有住宿過，是不會發現這片景色的。像這樣遇上小小的驚喜，我的心情也輕鬆了起來。我輕快地敲著鍵盤，稍作歇息。我試著躺在床上，不由得驚嘆了一聲。躺著的時候，竟然只見得到五重塔，難道設計時連這點也計算進去了嗎。

就像有些旅館強調見得到海景，那麼「五重塔景」也可以當成一種賣點吧。在京都住宿，躺在床上時，能夠見得到「東寺」五重塔的旅館，恐怕找不到其他的了吧。光是這點，就很有住宿的價值了。若要選擇，請要求靠西側有窗戶的房間，而且要五樓以上的。

我再次望向窗外，瞧瞧右邊，也就是北方，見得到京都車站大樓。正面左邊是東寺的五重塔，背景則是相連的西山。雖然我長年住在京都，但這樣的景致實在又美又少見。對京都來說，「東寺」的「五重塔」與東山如意嶽的「大文字」，是很特別的存在。這間旅館，房間的窗框成了畫框，能夠欣賞「五重塔」這幅畫。

遠方的山頭，是哪座山呢？山坡上有棟像是寺院的建築物，又是哪裡呢？我不厭其煩地眺望著這片景色。

現今人們選擇旅館，我想大多是從網路上預約的，網路上可見得到影片之類的各種資訊。有些是旅館所提供的，有些則是住宿客投稿的感想。當然可以參考這些資訊來判斷是否值得預約，但這片景色，卻是網路上尋找不到的資訊。

我躺在舒適的床上，一覺到天明，醒來第一件事就是打開窗簾。結果如何呢？「五重塔」沐浴在朝陽當中，閃爍著金色光輝，讓我不禁雙手合十。雖然有一段距離，但這裡還能夠隔空參拜「東寺」呢。

果然，沒有住宿過，便無法了解旅館的真正價值呢。

由客房所見到的「五重塔」

鐘，就有一班特急電車前往「枚方市」。接著轉搭急行或準急電車，到「守口市」車站。聳立在站前的就是「**Hotel Agora 大阪守口**」（地圖R）。如果走天橋，那麼連傘都不用撐，就可直接抵達旅館櫃檯。

這棟旅館剛建好時是「守口 Prince Hotel」。後來改名為「守口 Royal Prines Hotel」，現在則是「Hotel Agora 大阪守口」。

由於四周的建築物都不太高，因此房間看出去的景色很好。我每次都住在九樓靠南側的房間，可以眺望大阪街景，還能見到交錯在空中的飛機。日落後，美麗的夜景就在窗前展開來。這樣的景色在京都的旅館很難見到，因此也是我推薦這間旅館的理由之一。

而我推薦這間旅館的最大理由是餐點。這間旅館裡有幾間不錯的餐廳。在京都逛了一天，回到旅館還能選擇要吃什麼晚餐，就是這間旅館帶來的樂趣了。

我最推薦的是和食餐廳「KOYOMI」的壽司吧。

這是不為人知的好店，能夠以合宜的價格享用正統的江戶前壽司。我很喜歡這裡的壽司，甚至會為了吃這裡的壽司來住這間旅館。現場捏壽司的師傅很體貼，所以可以舒適地享用美味，這是在京都無法享受的時光。許多旅館的壽司店都偏貴，而且接客太過殷勤，讓人敬而遠之，但這間「KOYOMI」卻完全沒有這種感覺，作為一間壽司店，可說是一流。

其他還有很講究的自助餐廳「the LOOP」，正統中國料理「麗花」，景觀好、以鐵板燒為主的「Sizzling」，每間的價格都很划算，令人開心。

當然，如果在京都有想吃的、想造訪的店，那麼晚餐過後再回旅館也無妨。坐上京阪電車，隨著車廂搖晃，半夢半醒就抵達了車站。能夠立刻攤在旅館的床上，這便是站前旅館的好處。

如果在京都走累了，那麼客房服務也是個好選擇。這裡的客房服務很有大阪味，有章魚燒、雞尾酒、大阪燒之類的菜單，或是可以點一份旅館的著名餐點「綜合勾芡炒麵」，在房間好好享用。

有各種美食，又方便造訪京都。這是我推薦住宿大阪的原因。

Hotel Agora Regency 堺

「Hotel Agora Regency 堺」（地圖S）這間旅館，很巧地與剛才介紹的旅館屬於同一個集團，看來我和 Agora 集團很合呢。我推薦這裡的最大因素，同樣是因為這裡有各種美食。

特色是這裡擁有自助餐廳「the LOOP」、中國料理「龍鳳」、鐵板燒與日本料理的餐廳「NANIWA」、以及義大利餐廳「La Prima」。而且這間旅館還有不昂貴的客房服務，在房間也能吃到好料。觀光京都感到疲累時，有這種服務真令人心存感謝。

至於前往京都的路線，比守口還要複雜些，也比較花時間。但不輸人的是「堺」這個城市非常有魅力。

首先要提到千利休。千利休，連接了京都以及堺。茶道集大成者千利休，生於堺這個地方，現今這裡也留有許多他的足跡，包括他的房屋遺跡。這間旅館位於南海電鐵本線的「堺」站前方。旅館比其他建築來得高，也是不用撐傘就能抵達。從京都出發有幾條路線能到，而我總是搭乘阪急電鐵。

從阪急電鐵「烏丸」站出發，可搭乘特急電車，在「淡路」站轉乘前往「天下茶屋」的車。在「天下茶屋」站，轉乘南海電鐵本線，接著在「堺」站下車，旅館就在眼前。從「烏丸」站大約花上一個多小時，就能抵達。

阪急電鐵的「烏丸」站，就在京都市營地下鐵烏丸線「四条」站的旁邊，因此四通八達。一小時，說長不長、說短也不短。與其漫無目的地在京都街上遊走，我建議先看好時間，才有效率。

這間旅館的窗外景色也很不錯，能夠將大阪至奈良的景色盡收眼底。沒錯，這間旅館的另一個優點，是離奈良也很近，甚至離關西機場也很近。能夠一次享受海景及山景，很令人開心。我最推薦的是特別客房樓層。由於是高樓層，還有專用的休息室，有供應早餐、午茶、餐前酒，服務品質都很好。而且這裡的住宿價格划算，比起旅館價格持續高漲的京都，這裡讓人覺得便宜多了。

如果不是走陸路、而是走空路，比起伊丹機場，關西機場離這裡較近，還可搭乘廉價航空。可利用南海電鐵，一下就能直達「堺」站。住在這裡，然後到京都觀光，也是可行的辦法。

京都的旅宿不足，已成了常態問題，因此必須換個方向來思考應對。

堺和長崎一樣，很早就對海外大開門戶，是日本與明朝、南蠻進行貿易的主要城市。另一方面又誕生像千利休、與謝野晶子[5]等等代表日本文化的人物。若探究此地與京都的關聯，順道在堺觀光，那麼這趟行程將會意義深遠。

前往京都，並非一定要住宿京都。如果這樣執著，那反而會離京都越來越遠。住宿在堺、遊玩在京都。如果有這樣的眼界，那麼京都就在身邊。

1 岡部伊都子，西元一九二三年－二〇〇八年，隨筆家。晚年移居京都之後，大量發表作品。

2 堀辰雄，西元一九〇四年－一九五三年，小說家。

3 幸田文，西元一九〇四年－一九九〇年，隨筆家、小說家。

4 村松友視，西元一九四〇年生，編輯、作家。

5 謝野晶子，西元一八七八年－一九四二年，女性詩人、作家、思想家，屬於浪漫主義文學流派。

貴船神社
鞍馬寺
由岐神社
鞍馬
貴船口
二瀨
市原
二軒茶屋
京都精華大前站
木野
岩倉
八幡前
三千院
大原
延曆寺
鋼車
比叡站
輕軌
八瀨站
八瀨
比叡山口
輕軌
比叡站
比叡
山頂站
比叡山
國際會館
三宅八幡宮
上賀茂神社
寶池
寶池
上賀茂橋
妙圓寺
修學院離宮
北山
新宮神社
松崎
鷺森神社
半木神社
高野川
叡山本線
修學院
曼殊院
左京區
北大路
一乘寺下松
一乘寺
詩仙堂
八大神社
下鴨神社
天寧寺
茶山
鞍馬口
上御靈神社
烏丸通
相國寺
元田中
出町柳
今出川
八神社
梨木神社
鴨川
京阪鴨東線
銀閣寺（慈照寺）
地下鐵烏丸線
京都御所
下御靈神社
哲學之道
東山區
大文字山
如意岳
丸太町
神宮丸太町
平安神宮
京都市役所
永觀堂（禪林寺）
南禪寺
烏丸御池
京都市役所前
東山
蹴上
金地院
三条
三条京阪
辰巳稻荷
日向大神宮
湖西線
錦天滿宮
知恩院
安養寺
山科區
烏丸
河原町
四条
祇園四条
八坂神社
河原町通
長樂寺
昆沙門堂
建仁寺
高台寺
烏丸通
八坂塔
御陵
地下鐵東西線
五条
清水五条
安祥院
諸羽神社
地主神社
山科
本願寺
涉成園
方廣寺
清水寺
追分
京阪山科
山科
四宮
七条
妙法院
三十三間堂
智積院
東海道本線
京都
東福寺
東福寺
萬壽寺
東野
東海道新幹線
九条
東福寺
鳥羽街道
十条
椥辻
伏見稻荷
伏見稻荷
稻荷
伏見區
鳥羽口
深草
奈良線
名神高速道路
水雞橋
小野
地下鐵東西線
奈良街道
藤森
竹田
藤森神社
近鐵京都線
京阪本線
醍醐
醍醐寺
外環狀線
JR藤森
石田

京都市內廣域地圖

栂尾
槇尾
高山寺
西明寺
神護寺
高雄
嵐山高雄一般車道
常照寺
源光庵
光悅寺
北區
大德
船岡山
金閣寺（鹿苑寺）
上京區
右京區
龍安寺
等持院
大報恩寺
（千本釋迦
仁和寺
北野天滿宮
宇多野
御室仁和寺
龍安寺
等持院
北野白梅町
大覺寺
嵯峨嵐山
鳴瀧
嵐電北野線
妙心寺
妙心寺
達磨寺（法輪寺）
千本通
小火車嵐山站
嵯峨嵐山
常盤
花園
圓町
太秦
山陰本線
小火車嵯峨站
廣隆寺
天龍寺
嵐山
鹿王院
車折神社
有栖川
帷子辻
太秦廣隆寺
太秦天神川
西大路御池
二条
嵐山
嵐電嵯峨
蠶社
嵐電天神川
山內
西大路三条
嵐山
嵐電嵐山本線
西院
西院
梅宮大社
松尾大社
松尾
四条
丹波口
西大路通
桂川
山陰道
阪急嵐山線
西芳寺（苔寺）
西京極
天神川
上桂
西京區
桂離宮
桂
JR京都線（東海道本線）
西大路
東寺
南區
阪急京都本線
桂川
洛西口
桂
川
向日市
向日町
東日向
東海道新幹線
N

D
推薦地點
2 山家
3 幸樂屋
4 畑 KAKU
40
植物園北側遺跡石碑
北山
北山通
北山大橋西詰
北山大橋
半木神社
賀茂
府立植物園
堀川北山
北警察署
小山
新町通
衣棚通
室町通
38
今宮通
下鴨
京都府立大學
賀茂川
北大路
小柳南通
北大路橋
367
山家 2
紫野通
北大路通
紫野南通
烏丸北大路
警察局
堀川通
大谷大學·短期大學
地下鐵烏丸線
烏丸紫明
加茂街道
堀川北大路
紫明通
幸樂屋 3
天寧寺
鞍馬口町
鞍馬口
堀川紫明
大泉寺
上御靈神社
水火天滿宮
4 畑KAKU
上御靈前通
本法寺
出雲路
京都產業大學附屬高中·國中
寶鏡寺
光明寺
阿彌陀寺
堀川寺之內
相國寺
堀川通
京都城市酒店
同志社大
今出川
今出川通
上京區公所
同志社女子大學
今出川通
堀川今出川
西陣織會館
烏丸今出川
河原町今出川
武者小路通
38
寺町通
32
河原町通
警察局
烏丸通
京都御所
梨木神社

E
今宮神社
芳春院
龍翔寺
大德寺
佛教大學
紙屋川
北區
高桐院
紫野高中
龍光院
北大路通
181
千本北大路
金閣寺
金閣寺前
府立盲人學校
高中部
紫野
船岡山公園
木辻通
31
鞍馬口通
船岡溫泉
千本鞍馬口
WARA天神前
廬山寺通
寺之內通
警察局
千本寺之内
平野
淨福寺通
智恵光院通
千本通
石像寺
平野神社
上立賣通
警察局
千本釋迦堂
（大報恩寺）
五辻通
北野天滿宮
西大路通
上七軒
今出川通
北野
千本今出川
中筋通
元誓願寺通
笹屋町通
嵐電北野線
今小路通
101
上京警察署
上京區
智恵光院
北野白梅町
一条通
西大路一条
千本通
警察局
中立賣通
仁和寺街道
天神通
御前通
下之森通
七本松通
六軒町通
上長者町通
西大路通
下長者町通
裏門通
129
妙心寺道
下立賣通
圓町
丸太町通
嵯峨野線（山陰本線）
圓町
千本丸太町
聚樂廻

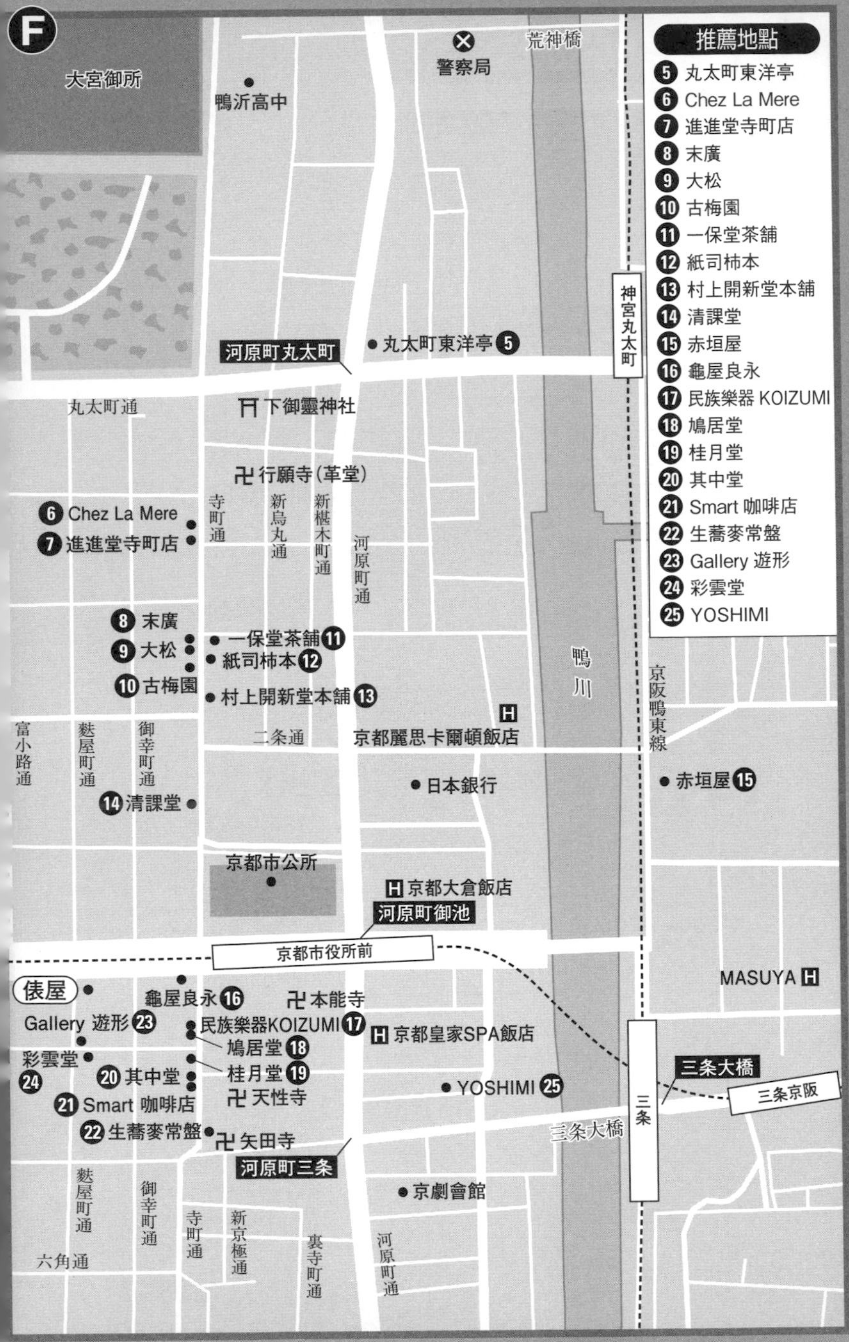
F
推薦地點
5 丸太町東洋亭
6 Chez La Mere
7 進進堂寺町店
8 末廣
9 大松
10 古梅園
11 一保堂茶舗
12 紙司柿本
13 村上開新堂本舗
14 清課堂
15 赤垣屋
16 龜屋良永
17 民族樂器 KOIZUMI
18 鳩居堂
19 桂月堂
20 其中堂
21 Smart 咖啡店
22 生蕎麥常盤
23 Gallery 遊形
24 彩雲堂
25 YOSHIMI
大宮御所
鴨沂高中
警察局
荒神橋
神宮丸太町
河原町丸太町
丸太町東洋亭 5
丸太町通
下御靈神社
行願寺(革堂)
6 Chez La Mere
7 進進堂寺町店
寺町通
新烏丸通
新椹木町通
河原町通
8 末廣
9 大松
10 古梅園
一保堂茶舗 11
紙司柿本 12
村上開新堂本舗 13
鴨川
京阪鴨東線
H
京都麗思卡爾頓飯店
二条通
富小路通
麩屋町通
御幸町通
日本銀行
赤垣屋 15
14 清課堂
京都市公所
H 京都大倉飯店
河原町御池
京都市役所前
MASUYA H
俵屋
龜屋良永 16
本能寺
Gallery 遊形 23
民族樂器KOIZUMI 17
H 京都皇家SPA飯店
鳩居堂 18
彩雲堂
24
20 其中堂
桂月堂 19
天性寺
三条大橋
21 Smart 咖啡店
YOSHIMI 25
三条京阪
三条
22 生蕎麥常盤
矢田寺
三条大橋
河原町三条
京劇會館
麩屋町通
御幸町通
寺町通
新京極通
裏寺町通
河原町通
六角通

G
推薦地點
26 八百三
27 春芳堂
28 龜末廣
29 更科 YOSHIKI
30 大垣書店烏丸三条店
京都府廳
京都府廳舊本館
府警本部
下立賣通
菅原院天滿宮神社
第二赤十字病院
椹木町通
京都御苑
烏丸丸太町
丸太町通
丸太町
竹屋町通
夷川通
釜座通
新町通
衣棚通
室町通
兩替町通
烏丸通
車屋町通
東洞院通
間之町通
高倉通
堺町通
柳馬場通
二条通
367
地下鐵烏丸線
押小路通
烏丸御池
地下鐵東西線
御池通
京都銀門飯店
京都花園飯店
烏丸御池站
八百三 26
姉小路通
春芳堂 27
龜末廣 28
富小路通
30 大垣書店烏丸三条店
京都文化博物館
三条通
三井花園飯店
京都蒙特利酒店
池坊會館
高倉通
頂法寺（六角堂）
29 更科 YOSHIKI
六角通
京都遞信醫院

H
推薦地點
31 辻留
32 餐館 安SAN
33 菱岩
34 壽司松本
35 十二段家本店
36 平野家本家
37 濱作本店
京都文教高中‧國中
MASUYA
東山三条
辻留 31
東山
地下鐵東西線
三条京阪
餐館 安 SAN 32
東大路通
知恩院前
菱岩 33
辰巳稻荷神社
巽橋
花見小路通
知恩院
平野家本家 36
四条通
祇園
八坂神社
祇園
圓山公園
長樂館
壽司松本 34
十二段家本店 35
濱作本店 37
祇園甲部歌舞練場
建仁寺
圓德院
高台寺
金比羅繪馬館
安井金比羅宮
靈山護國神社
143
八坂通
六道珍皇寺
八坂塔
松原通
東山區公所

推薦地點
38 大黑屋本店
39 祇園 OKARU
40 井澤屋
41 松葉本店
42 祇園 松乃
43 一平茶屋
44 祇園 松田屋
45 千花
46 山利商店
47 辨慶 東山店
三条
鴨川
大黑屋本店 38
卍 永福寺（蛸藥師堂）
辰巳稻荷神社
巽橋
裏寺町通
寺町通
河原町通
高瀨川
木屋町通
先斗町通
繩手通
錦天滿宮
錦市場
祇園 OKARU 39
松葉本店 41
井澤屋 40
祇園 松乃 42
南座
祇園 松田屋 44
千花 45
一平茶屋 43
四条大橋
阪急京都線
河原町
四条河原町
祇園四条
麩屋町通
高島屋
綾小路通
團栗橋
祇園
京阪本線
佛光寺通
御幸町通
寺町通
建仁寺
高辻通
木屋町通
川端通
宮川町通
惠美須神社
高瀨川
宮川筋
松原通
32
松原橋
八坂通
大和大路通
京都RICH飯店
AJIKI小路
六波羅蜜寺
山利商店 46
大黑町
清水五条
河原町五条
五条大橋
辨慶東山店 47
五条大橋
1
五条通
問屋町通
晴鴨樓
本町通

P
清和天皇陵
水尾的柚子澡
嵯峨水尾
50
右京區
嵯峨野線（山陰本線）
保津峽
→至嵯峨嵐山
桂川
嵯峨野觀光線
Q
至京都
黃檗
黃檗
萬福寺
京阪宇治線
奈良線
宇治東IC
京滋交流道
三室戶
三室戶寺
宇治川
宇治
宇治市
宇治市源氏物語博物館
宇治神社
宇治
平等院

R
大阪府
守口
守口市役所
地下鐵谷町線
京阪本線
京阪百貨店守口店
市民體育館
守口市
大枝神社
H
Hotel Agora
大阪守口
至京橋

推薦地點

55 SHIZUKA樓

T
湖西線
堅田
堅田
琵琶湖大橋
彩虹道路
Yellow Hat
Lakeside佐倉
西近江路
至大津
SHIZUKA 樓 55
琵琶湖
堅田中
居初氏庭園
堅田高
天神川綠地
浮御堂（滿月寺）
堅田雄琴 湖岸公園

S
阪神高速4號灣岸線
Hotel Agora
Regency堺
H
公園
堺
南海本線
34
12
阪堺電軌
阪堺線
宿院

U
湖西線
別所
大津市歷史
博物館
琵琶湖競艇場
琵 琶 湖
三井寺
三井寺
濱大津
18
大津湖岸渚公園
京阪石山坂本線
島之關
大津紅十字醫院
7
上榮町
天孫神社
石場
滋賀縣廳
103
東海道本線
大津
大津

【地圖L】 Daiwa Roynet Hotel京都八条口【ダイワロイネットホテル京都八条口】
〒 601-8017 京都府京都市南区東九条北烏丸町 9-2
TEL ／ 075-693-0055
交通方式／從 JR「京都」站步行 4 分鐘
http://www.daiwaroynet.jp/kyoto-hachi/ 【p.236】

【地圖R】 Hotel Agora大阪守口【ホテル. アゴーラ大阪守口】
〒 570-0038 大阪府守口市河原町 10-5
TEL ／ 06-6994-1111 FAX ／ 06-6994-1115
交通方式／從京阪本線「守口市」站下車即達
http://www.hotelagora-moriguchi.com/ 【p.242】

【地圖S】 Hotel Agora Regency堺【ホテル アゴーラ リージェンシー大阪堺】
〒 590-0985 大阪府堺市堺区戎島町 4-45-1
TEL ／ 072-224-1121 FAX ／ 072-224-1120
交通方式／從南海本線「堺」站下車即達
http://www.agoraregency-sakai.com/ 【p.244】

㊿麵房山本【めん房やまもと】
〒 604-8222 京都府京都市中京区新町通四条上ル東入ル観音堂町 473
TEL ／ 075-255-0856
營業時間／ 11：00 ～ 20：00（星期六營業至 14：00 為止）
公休日／星期日、國定假日、每月第三週的星期六
交通方式／從地下鐵烏丸線「四条」站或阪急京都本線「烏丸」站步行 3 分鐘
http://menbo-yamamoto.biz/ 【p.99】

㊿①江戸正
〒 600-8070 京都府京都市下京区堺町通五条上ル俵屋町 224
TEL ／ 075-351-9371
營業時間／ 11：30 ～ 14：00、17：00 ～ 20：00
公休日／星期二、每月第二週的星期三
交通方式／從地下鐵烏丸線「五条」站步行 6 分鐘【p.98】

【地圖 L】 **52新福菜館**
〒 600 8213 京都府京都市下京区東塩小路向畑町 569
TEL ／ 075-371-7648 營業時間／ 7：30 ～ 22：00 公休日／星期三
交通方式／從 JR「京都」站步行 5 分鐘【p.67】

【地圖 O】 **53森嘉**
〒 616-8447 京都府京都市右京区嵯峨釈迦堂藤之木町 42
TEL ／ 075-872-3955
營業時間／ 8：00 ～ 18：00（8 月 16 日、12 月 31 日售完即休）
公休日／星期三（若碰上定假日則為隔天星期四公休）、星期二不定期公休
交通方式／從 JR「嵯峨嵐山」站步行 15 分鐘、市巴士或京都巴士「嵯峨釈迦堂前」站下車即達
http://sagatofu-morika.co.jp/ 【p.161】

54西山艸堂
〒 616-8385 京都府京都市右京区嵯峨天龍寺芒の馬場町 63
TEL ／ 075-861-1609
營業時間／ 11：30 ～ 17：00（入店至 16：30 為止）
公休日／星期三、星期二不定時休假（每月一次）、8 月 17 日～ 23 日、12 月 29 日～ 1 月 4 日
交通方式／從京福嵐山本線「嵐山」站下車即達【p.161】

【地圖 T】 **55SHIZUKA 樓【しづか楼】**
〒 520-0242 滋賀県大津市本堅田 2-17-13
TEL ／ 077-572-1111 營業時間／ 11：30 ～ 19：00（最終入店時間） 公休日／不定期
交通方式／從 JR「堅田」站步行 15 分鐘（搭乘計程車約 3 分鐘）
http://www.shizukarou.com/ 【p.219】

■旅館

【地圖 F】 **俵屋**
〒 604-8094 京都府京都市中京区麩屋町通御池下ル中白山町 278
TEL ／ 075-211-5566 ※ 另提供只用餐不住宿、需預約
交通方式／從地下鐵東西線「京都市役所前」站步行 5 分鐘【p.122、p.226】

營業時間／9：00～18：00　公休日／星期日、每月第三週的星期四
交通方式／從地下鐵烏丸線或東西線「烏丸御池」站下車即達【p.118】

㉗春芳堂

〒604-8185 京都府京都市中京区姉小路通烏丸東入ル車屋町 260
TEL／075-221-2400
交通方式／從地下鐵烏丸線或東西線「烏丸御池」站下車即達【p.118】

㉘龜末廣

〒604-8185 京都府京都市中京区姉小路通車屋町東入ル車屋町 251
TEL／075-221-5110
營業時間／8：30～18：00　公休日／星期日、假日
交通方式／從地下鐵烏丸線或東西線「烏丸御池」站下車即達【p.117】

㉙更科YOSHIKI【更科よしき】

〒604-8074 京都府京都市中京区富小路通三条下ル朝倉町 536
TEL／075-255-9837
營業時間／11：30～點餐至 14：30 為止、17：00～點餐至 21：00 為止
公休日／星期日
交通方式／從地下鐵東西線「京都市役所前」站步行 6 分鐘【p.126】

㉚大垣書店烏丸三条店

〒604-8166 京都府京都市中京区烏丸通三条上ル御倉町 85-1 烏丸ビル 1F
TEL／075-212-5050
營業時間／9：30～23：00（星期日及假日為 10：00～22：00）　公休日／全年無休
交通方式／從地下鐵烏丸線或東西線「烏丸御池」站下車即達
http://www.books-ogaki.co.jp/　【p.115】

【地圖H】

㉛辻留

〒605-0005 京都府京都市東山区三条大橋東 3 丁目
TEL／075-771-1718
受理預約時間／9：00～18：00　全年無休
交通方式／從地下鐵東西線「三条京阪」站步行 3 分鐘【p.22】

㉜餐館 安SAN【お食事処 安さん】

〒605-0004 京都府京都市東山区大和大路通三条下ル若松町 400-56
TEL／075-561-8577
營業時間／16：00～23：00　公休日／星期三
交通方式／從地下鐵東西線「三条京阪」站步行 2 分鐘【p.168】

㉝菱岩

〒605-0088 京都府京都市東山区新門前通大和大路東入ル西之町 213
TEL／075-561-0413　營業時間／11：30～20：30
公休日／星期日、每月最後一個星期一
交通方式／從京阪本線「三条」站步行 7 分鐘【p.22】

㉞壽司松本【鮨まつもと】

〒605-0074 京都府京都市東山区祇園町南側 570-123
TEL／075-531-2031
營業時間／12：00～點餐至 13：30 為止、17：30～點餐至 21：00 為止（星期三只有晚上營業）
公休日／星期二
交通方式／從京阪本線「祇園四条」站步行 5 分鐘【p.23】

交通方式／從地下鐵東西線「京都市役所前」站下車即達
http://www.kyukyodo.co.jp/　【p.123】

⑲桂月堂
〒604-8081 京都府京都市中京区寺町通三条上ル天性寺前町 541
TEL／075-231-1652
營業時間／10：00～18：00　公休日／星期三
交通方式／從地下鐵東西線「京都市役所前」站步行 3 分鐘【p.124】

⑳其中堂
〒604-8081 京都府京都市中京区寺町通三条上ル
TEL／075-231-2971　FAX／075-212-0934
營業時間／10：00～19：00（星期日、假日為 12：00～18：00）
公休日／每月第二及第四週星期日
交通方式／從地下鐵東西線「京都市役所前」站下車即達
http://web.kyoto-inet.or.jp/people/kiraya/　【p.135】

㉑Smart咖啡店【スマート珈琲店】
〒604-8081 京都府京都市中京区寺町通三条上ル天性寺前町 53
TEL／075-231-6547　FAX／075-231-6548
營業時間／8：00～19：00（2 樓午餐時間為 11：00 開始，點餐至 14：30 為止）
公休日／咖啡店全年無休、午餐為星期二公休
交通方式／從京阪本線「三条」站步行 5 分鐘、地下鐵東西線「京都市役所前」站下車即達
http://www.smartcoffee.jp/　【p.133】

㉒生蕎麥常盤【生そば常盤】
〒604-8081 京都府京都市中京区寺町通三条上ル東側
TEL／075-231-4517
營業時間／11：00～16：00（星期五、六、日至 20：00 為止）　公休日／星期三
交通方式／從地下鐵東西線「京都市役所前」站步行 3 分鐘【p.128】

㉓Gallery遊形【ギャラリー遊形】
〒604-8092 京都府京都市中京区姉小路通麩屋町東入ル
TEL／075-257-6880
營業時間／10：00～19：00　公休日／每月第一、第三週的星期二
交通方式／從地下鐵東西線「京都市役所前」站步行 3 分鐘【p.122】

㉔彩雲堂
〒604-8092 京都府京都市中京区姉小路通麩屋町東入ル姉大東町 552
TEL／075-221-2464
營業時間／9：00～18：00　公休日／星期三
交通方式／從地下鐵東西線「京都市役所前」站下車即達【p.121】

㉕YOSHIMI【よしみ】
〒604-8005 京都府京都市中京区河原町通三条上ル恵比須町 534-16
TEL／075-252-4110
營業時間／16：30～23：00 公休日／星期日
交通方式／從地下鐵東西線「京都市役所前」站步行 3 分鐘【p.185】

【地圖G】　㉖八百三
〒604-8185 京都府京都市中京区姉小路通東洞院西入ル車屋町 270
TEL／075-221-0318

交通方式／從地下鐵東西線「京都市役所前」站步行 5 分鐘、或市巴士「京都市役所前」或「河原町丸太町」站下車步行 5 分鐘
http://www.ippodo-tea.co.jp/　【p.141】

⑫紙司柿本

〒 604-0915 京都府京都市中京区寺町通二条上ル常盤木町 54
TEL ／ 075-211-3481
營業時間／ 9：00 ～ 18：00　公休日／不定期（中元假期、年底年初公休）
交通方式／從地下鐵東西線「京都市役所前」站步行 3 分鐘【p.140】

⑬村上開新堂本舗

〒 604-0915 京都府京都市中京区寺町通二条上ル東側
TEL ／ 075-231-1058
營業時間／ 10：00 ～ 18：00　公休日／星期日、國定假日、每月第三週的星期一
交通方式／從京阪本線「三条」站步行 10 分鐘、或地下鐵東西線「京都市役所前」步行 4 分鐘、或市巴士「京都市役所前」站下車步行 4 分鐘
http://www.murakami-kaishindo.jp/　【p.140】

⑭清課堂

〒 604-0932 京都府京都市中京区寺町通二条下ル妙満寺前町 462
TEL ／ 075-231-3661
營業時間／ 10：00 ～ 18：00　公休日／ 1 月 1 日～ 3 日
交通方式／從地下鐵東西線「京都市役所前」步行 7 分鐘、或市巴士「京都市役所前」站下車步行 5 分鐘
http://www.seikado.jp/　【p.138】

⑮赤垣屋

〒 606-8385 京都府京都市左京区孫橋町 9
TEL ／ 075-751-1416
營業時間／ 17：00 ～ 23：00　公休日／星期日、遇上國定假日的星期一
交通方式／從京阪本線「三条」站步行 5 分鐘、或地下鐵東西線「京都市役所前」站步行 5 分鐘【p.182】

⑯龜屋良永

〒 604-8091 京都府京都市中京区寺町通御池下ル下本能寺前町 504
TEL ／ 075-231-7850　FAX ／ 075-251-0066
營業時間／ 8：00 ～ 18：00　公休日／星期日、每月第一及第三週的星期三
交通方式／從地下鐵東西線「京都市役所前」站步行 2 分鐘【p.137】

⑰民族樂器 KOIZUMI【民族楽器コイズミ】

〒 604-8091 京都府京都市中京区寺町通御池下ル 518
TEL ／ 075-231-3052
營業時間／ 11：00 ～ 20：00　公休日／星期二（國定假日照常營業）
交通方式／從地下鐵東西線「京都市役所前」站步行 2 分鐘
http://www.koizumigakki.com/　【p.135】

⑱鳩居堂（京都鳩居堂本店）

〒 604-8091 京都府京都市中京区寺町姉小路通上ル下本能寺前町 520
TEL ／ 075-231-0510　FAX ／ 075-221-5987
營業時間／ 10：00 ～ 18：00
公休日／星期日（包含星期日的連假及 12 月的星期日照常營業）、1 月 1 日～ 4 日、其他臨時公休日

④畑KAKU【畑かく】
〒602-8018 京都府京都市上京区御霊前通烏丸西入ル內構町 430
TEL／075-441-0610
營業時間／12：00～21：30（最終進店至 19：00 為止） 公休日／星期一
交通方式／從地下鐵烏丸線「鞍馬口」站步行 3 分鐘【p.158】

【地圖F】 ⑤丸太町東洋亭
〒602-0877 京都府京都市上京区河原町通丸太町上ル東側桝屋町 370
TEL／075-231-7055
營業時間／11：30～14：00、18：00～20：30
公休日／星期一（若碰上假日則公休日為隔天星期二）
交通方式／從京阪鴨東線「神宮丸太町」站步行 3 分鐘【p.170】

⑥Chez La Mere【シェ.ラ.メール】
〒604-0993 京都府京都市中京区寺町通夷川上ル西側
TEL／075-241-0765
營業時間／10：00～18：00 公休日／星期三
交通方式／從地下鐵東西線「京都市役所前」站步行 5 分鐘、或市巴士「河原町丸太町」站下車步行 3 分鐘【p.141】

⑦進進堂寺町店【進々堂寺町店】
〒604-0993 京都府京都市上京区寺町通竹屋町下ル久遠院前町 674
TEL／075-221-0215
營業時間／7：00～20：00 咖啡廳為 7：30～19：00（點餐至 18：30 為止）
全年無休（除了年底年初以外）
交通方式／從地下鐵東西線「京都市役所前」站步行 6 分鐘【p.141】

⑧末廣
〒604-0916 京都府京都市中京区寺町通二条上ル要法寺前町 711
TEL／075-231-1363
營業時間／11：00～19：00（售完即公休） 公休日／星期一
交通方式／從地下鐵東西線「京都市役所前」站步行 5 分鐘
http://sushi-suehiro.jp/ 【p.149】

⑨大松
〒604-0916 京都府京都市中京区寺町通二条上ル要法寺前町 712
TEL／075-256-0118
營業時間／9：00～16：00 公休日／星期日、國定假日
交通方式／從地下鐵東西線「京都市役所前」站步行 7 分鐘【p.141】

⑩古梅園
〒604-0916 京都府京都市中京区要法寺前町 716-1（寺町通二条上ル）
TEL／075-231-1531
營業時間／9：00～17：30 公休日／星期日、國定假日
交通方式／從地下鐵東西線「京都市役所前」站步行 7 分鐘
http://kobaien.jp/ 【p.140】

⑪一保堂茶舗（京都本店）
〒604-0915 京都府京都市中京区寺町通二条上ル常盤木町 52
TEL／075-211-3421 FAX／075-241-0153
※喫茶室嘉木／10：00～18：00（點餐至 17：30 為止）、年底年初公休
營業時間／9：00～18：00 公休日／年初

參拜時間／8：00～17：00　參拜費用／300 日圓
交通方式／從 JR「堅田」站搭乘江若巴士至「堅田出町」站下車步行 7 分鐘【p.218】

【地圖 U】 **天孫神社**

〒 520-0044 滋賀県大津市京町 3-3-36
TEL／077-522-3593
交通方式／從 JR「大津」站步行 3 分鐘、或京阪石山坂本線「島の関」步行 5 分鐘
http://www.tensonjinja.jp/　【p.209】

三井寺（園城寺）

〒 520-0036 滋賀県大津市園城寺町 246
TEL／077-522-2238
參拜時間／8：00～17：00　入山費用／大人 600 日圓、中高學生 300 日圓、小學生 200 日圓
交通方式／從京阪石山坂本線「三井寺」站步行 10 分鐘、或京阪巴士「三井寺」站下車即達
http://www.shiga-miidera.or.jp/　【p.214】

大津市歷史博物館

〒 520-0037 滋賀県大津市御陵町 2-2
TEL／077-521-2100
開館時間／9：00～17：00（16：30 前入館）
公休日：星期一（若碰上國定假日則照常開館，改為隔天星期二休館）、國定假日的隔天（若碰上星期六、日則照常開館）、年底年初（12 月 27 日～1 月 5 日）
常設展入場費用／大人 270 日圓、高中 · 大學生 200 日圓、中小學生 130 日圓（企劃展、特別展費用另計）【p.204】

■餐飲店・商店

【地圖 C】 **①京菓子司 滿月**

〒 606-8202 京都府京都市左京区鞠小路通今出川上ル
TEL／075-791-4121
營業時間／9：00～18：00　公休日／星期三不定期公休
交通方式／京阪鴨東線「出町柳」站步行 8 分鐘
http://www.ajyarimochi.com/　【p.40】

【地圖 D】 **②山家**

〒 606-0826 京都府京都市左京区下鴨西本町 7-3
TEL／075-722-0776
營業時間／18：00～24：00（點餐至 23:00 為止）　公休日／星期四
交通方式／從地下鐵烏丸線「北大路」站步行 10 分鐘、或市巴士「府立大学前」站下車即達
http://www.kyoto-yamaga.com/　【p.157】

③幸樂屋

〒 603-8146 京都府京都市北区鞍馬口通烏丸東入ル新御霊口町 285-59
TEL／075-231-3416
營業時間／9：00～20：00　公休日／星期日
交通方式／從地下鐵烏丸線「鞍馬口」站步行 7 分鐘【p.55】

TEL／075-691-5303　参拜自由
交通方式／從 JR「西大路」站步行 15 分鐘、或市巴士「吉祥院天満宮前」站下車步行 3 分鐘【p.96】

【地圖 N】　**了德寺（煮蘿蔔寺）【了徳寺（大根焚寺）】**

〒 616-8242 京都府京都市右京区鳴滝本町 83
TEL／075-463-0714　境內參拜自由
交通方式／市巴士「鳴滝本町」站下車步行 4 分鐘
http://www.ryoutokuji.or.jp/　【p.29】

三寶寺

〒 616-8256 京都府京都市右京区鳴滝松本町 32
TEL／075-462-6540　境內參拜自由
交通方式／從京福北野線「宇多野」站步行 20 分鐘、或市巴士或 JR 巴士「三宝寺」站下車步行 5 分鐘
http://www.sanbouji-kyoto.or.jp/　【p.30】

【地圖 O】　**嵐山站的足湯**

〒 616-8384 京都府京都市右京区嵯峨天龍寺造路町 20
TEL／075-873-2121（嵐山站服務中心）
營業時間／冬季 9：00～18：00（受理至 17：30 為止）　全年無休
交通方式／京福嵐山本線「嵐山」站內【p.69】

【地圖 P】　**水尾的柚子澡**

※ 需預約。是由地方上有志居民組成的「柚子風呂振興連絡会」所舉辦。由於每年負責人不同，電話號碼等聯絡方式每年更動，請參考下面網頁。
交通方式／可從 JR「保津峽」站搭乘水尾自治會巴士（需預約）
https://ja.kyoto.travel/area/hoshokai/hoshokai_8.html　【p.75】

【地圖 Q】　**萬福寺**

〒 611-0011 京都府宇治市五ヶ庄三番割 34
TEL／0774-32-3900
參拜時間／9：00～17：00　參拜費用／大人 500 日圓、中小學生 300 日圓
※ 普茶料理必須在七天前的上午前預約，營業時間為 11：30～14：30（入場最晚到 13：00 為止，參拜費用另計）
交通方式／從 JR「黃檗」站或京阪宇治線「黃檗」步行 5 分鐘
http://www.obakusan.or.jp/　【p.27、p.60】

平等院

〒 611-0021 京都府宇治市宇治蓮華 116
TEL／0774-21-2861
庭園參拜時間／8：30～17：30（受理至 17：15 為止）
博物館鳳翔館參拜時間／9：00～17：00（受理至 16：45 為止）
鳳凰堂內部參拜時間／9：10～16：10（9：30 開始參拜）
參拜費用／庭園與博物館鳳翔館 600 日圓、中小學生 400 日圓、小學生 300 日圓（鳳凰堂內部參拜另外收取香油錢 300 日圓）
交通方式／從 JR「宇治」站或京阪宇治線「京阪宇治」步行 10 分鐘
http://www.byodoin.or.jp/　【p.27】

【地圖 T】　**浮御堂（滿月寺）**

〒 520-0242 滋賀県大津市本堅田 1-16-18
TEL／077-572-0455

TEL／075-531-2111　参拜時間／9：00～16：30（受理至16：00為止）
庭園参拜費用／友禅苑300日圓、方丈庭園400日圓、共通券500日圓
交通方式／從京阪本線「祇園四条」站步行10分鐘、或地下鐵東西線「東山」站步行8分鐘、或市巴士「知恩院前」站下車步行5分鐘
http://www.chion-in.or.jp/　【p.27】

八坂神社

〒605-0073 京都府京都市東山区祇園町北側625
TEL／075-561-6155　参拜自由
交通方式／從京阪本線「祇園四条」站步行5分鐘、或阪急京都本線「河原町」站步行10分鐘、或市巴士「祇園」站下車即達
http://www.yasaka-jinja.or.jp/　【p.42】

六道珍皇寺

〒605-0811 京都府京都市東山区大和大路通四条下ル四丁目小松町595
TEL & FAX／075-561-4129　参拜自由
交通方式／從京阪本線「清水五条」站或「祇園四条」站步行15分鐘、或市巴士「清水道」站下車步行5分鐘
http://www.rokudou.jp/　【p.131】

【地圖I】 惠美須神社（京都惠比壽神社）【京都ゑびす神社】

〒605-0811 京都府京都市東山区大和大路通四条下ル小松町125
TEL／075-525-0005　受理時間／9：00～17：00　参拜費用／免費
交通方式／從阪急京都本線「河原町」站步行8分鐘、或京阪本線「祇園四条」站步行6分鐘、或市巴士「河原町松原」或「四条京阪前」站下車步行5分鐘
http://www.kyoto-ebisu.jp/　【p.56】

六波羅蜜寺

〒605-0813 京都府京都市東山区五条通大和大路上ル東入ル轆轤町
TEL／075-561-6980　開門時間／8：00～17：00
寶物館参拜費用／大人600日圓、大學高中生500日圓、小學生400日圓（8：30～17：00）
交通方式／從阪急京都本線「河原町」站步行15分鐘、或京阪本線「清水五条」站步行7分鐘、或市巴士「清水道」站下車步行7分鐘
http://rokuhara.or.jp/　【p.59】

永福寺（蛸藥師堂）

〒604-8046 京都府京都市中京区新京極通蛸薬師東側町503
TEL／075-255-3305　参拜時間／8：00～16：30　境內参拜自由
交通方式／從阪急京都本線「河原町」站步行5分鐘、或市巴士「四条河原町」站下車步行5分鐘【p.108】

南座

〒605-0075 京都府京都市東山区四条大橋東詰
TEL／075-561-1155
交通方式／從京阪本線「祇園四条」站下車即達【p.21】

【地圖J】 東本願寺

〒600-8505 京都府京都市下京区烏丸通七条上ル
TEL／075-371-9181
開門時間／5：50～17：30（3月～10月）、6：20～16：30（11月～2月）
交通方式／從JR「京都」站步行7分鐘、或地下鐵烏丸線「五条」站步行5分鐘、或市巴士

交通方式／從地下鐵東西線「京都市役所前」站步行 3 分鐘、或市巴士「河原町三条」站下車步行 3 分鐘【p.132】

矢田寺（矢田地藏尊）

〒 604-8081 京都府京都市中京区寺町通三条上ル天性寺前町 523-5
TEL ／ 075-241-3608　參拜時間／ 8：00 ～ 19：30　參拜自由
交通方式／從地下鐵東西線「京都市役所前」站步行 3 分鐘、或市巴士「河原町三条」站下車步行 3 分鐘【p.131】

本能寺

〒 604-8091 京都府京都市中京区寺町通御池下ル本能寺前町 522
TEL ／ 075-231-5335　參拜時間／ 6：00 ～ 17：00　參拜費用／無
大寶殿寶物館／ 9：00 ～ 17：00（最終入館時間為 16：30）、大人 500 日圓、中高學生 300 日圓、小學生 250 日圓
交通方式／從京阪本線「三条」站步行 5 分鐘、或地下鐵東西線「京都市役所前」站下車即達、或市巴士「河原町三条」站下車即達
http://www.kyoto-honnouji.jp/　【p.136】

【地圖 G】　**頂法寺（六角堂）**

〒 604-8134 京都府京都市中京区六角通東洞院西入ル堂之前町 248
TEL ／ 075-221-2686　參拜時間／ 6：00 ～ 17：00　參拜自由
交通方式／從阪急京都本線「烏丸」站步行 5 分鐘、或地下鐵烏丸線或東西線「烏丸御池」站步行 3 分鐘、或市巴士「烏丸三条」站下車步行 2 分鐘
http://www.ikenobo.jp/rokkakudo/　【p.110】

菅原院天滿宮神社

〒 602-8021 京都府京都市中京区烏丸通下立売下ル堀松町 408
TEL ／ 075-211-4769　參拜時間／ 7：00 ～ 19：00　參拜自由
交通方式／從地下鐵烏丸線「丸太町」站步行 5 分鐘、或市巴士「烏丸丸太町」站下車步行 7 分鐘、或市巴士「烏丸下立売」站下車即達【p.96】

京都文化博物館（舊日本銀行京都分店）

〒 604-8183 京都府京都市中京区三条高倉
TEL ／ 075-222-0888
開館時間／綜合展示 10：00 ～ 19：30、特別展 10：00 ～ 18：00（星期五延長至 19：30）
※ 最終入場時間皆為 19：00
公休日／星期一（若為假日則改星期二休館）
入場費用／綜合展示 大人 500 日圓、大學生 400 日圓、高中生以下免費（特別展需另外付費）
交通方式／從阪急京都本線「烏丸」站步行 7 分鐘、或地下鐵烏丸線或東西線「烏丸御池」站步行 3 分鐘、或市巴士「堺町御池」站下車步行 2 分鐘
http://www.bunpaku.or.jp/　【p.105】

京都府廳舊本館【京都府庁旧本館】

〒 602-8570 京都府京都市上京区下立売通新町西入ル藪ノ内町
※ 內部（免費）公開為星期二至五，以及第一、第三、第五週的星期六，時間為 10：00 ～ 17：00
洽詢單位／特定非營利活動法人 京都観光文化を考える会・都草
TEL ／ 075-414-5435　FAX ／ 075-414-5450
http://www.pref.kyoto.jp/qhonkan/　【p.108】

【地圖 H】　**知恩院**

〒 605-8686 京都府京都市東山区林下町 400

交通方式／從京阪鴨東線「出町柳」站步行 20 分鐘、或市巴士「京大正門前」站下車步行 5 分鐘
http://www.yoshidajinja.com/ 【p.79】

【地圖 D】 **植物園北遺跡（石標）**

京都府京都市北区上賀茂松本町【p.107】

上御靈神社

〒 602-0896 京都府京都市上京区上御霊前通烏丸東入ル上御霊竪町 495
TEL ／ 075-441-2260 FAX ／ 075-441-6066
開門時間／ 7：00 ～日落（依季節有所不同） 參拜自由
交通方式／從地下鐵烏丸站「鞍馬口」站步行 3 分鐘、或市巴士「出雲路俵町」站下車步行 5 分鐘、或市巴士「烏丸鞍馬口」站下車步行 3 分鐘【p.160】

【地圖 E】 **千本釋迦堂（大報恩寺）**

〒 602-8319 京都府京都市上京区七本松通今出川上ル
TEL ／ 075-461-5973 參拜時間／ 9：00 ～ 17：00
參拜費用／大人 600 日圓、高中大學生 500 日圓、中學以下 400 日圓
交通方式／市巴士「上七軒」站下車步行 5 分鐘【p.28】

北野天滿宮

〒 602-8386 京都府京都市上京区馬喰町
TEL ／ 075-461-0005 FAX ／ 075-461-6556
開門時間／ 5：30 ～ 17：30（4 月至 9 月為 5：00 ～ 18：00）
※ 受理時間為 9：00 ～ 17：00 參拜自由
交通方式／從京福北野線「北野白梅町」站步行 5 分鐘、或市巴士「北野天満宮」站下車即達
http://www.kitanotenmangu.or.jp/ 【p.31】

船岡溫泉

〒 603-8225 京都府京都市北区紫野南舟岡町 82-1
TEL ／ 075-441-3735
營業時間／ 15：00 ～ 25：00（星期日 8：00 ～） 公休日／無
交通方式／從地下鐵烏丸線「鞍馬口」站步行 20 分鐘、或市巴士「建動神社前」站下車步行 6 分鐘、或市巴士「千本鞍馬口」站下車步行 5 分鐘【p.71】

【地圖 F】 **下御靈神社**

〒 604-0995 京都府京都市中京区寺町通丸太町下ル下御霊前町
TEL ／ 075-231-3530 參拜自由
交通方式／從地下鐵烏丸線「丸太町」站步行 7 分鐘、或市巴士「河原町丸太町」站下車即達
http://shimogoryo.main.jp/ 【p.143】

行願寺（革堂）

〒 604-0991 京都府京都市中京区寺町通竹屋町上ル行願寺門前町 17
TEL ／ 075-211-2770 參拜時間／ 8：00 ～ 16：30 參拜費用／無
交通方式／從京阪鴨東線「神宮丸太町」站步行 15 分鐘、或市巴士「河原町丸太町」站下車步行約 5 分鐘【p.60、p.142】

天性寺

〒 604-8081 京都府京都市中京区寺町通三条上ル天性寺前町 523
TEL ／ 075-231-3823 參拜自由

【附錄】本書主要寺廟・商店・住宿資訊

※ 營業時間、休假日、價格等資訊皆有可能變動，出發前請務必確認最新消息。部分景點需要事前預約。另外，大學內的設施有可能長期歇業，請務必詳加注意。
※ 原則上依照卷末地圖（p.250 ～ p.265）的順序記載。各項資料最後的【頁數】可對應正文之頁數。

■寺廟・觀光景點

【廣域圖】　上賀茂神社（賀茂別雷神社）

〒 603-8047 京都府京都市北区上賀茂本山 339
TEL ／ 075-781-0011
參拜時間／ 10：00 ～ 16：00　參拜費用／免費（本殿・權殿特別參拜費 500 日圓）
交通方式／從地下鐵烏丸線「北大路」、「北山」站搭乘計程車五分鐘、或搭市巴士・京都巴士「上賀茂神社前」站即可抵達
http://www.kamigamojinja.jp/　【p.31】

【地圖 A】　鞍馬溫泉峰麓湯【くらま温泉峰麓湯】

〒 601-1111 京都府京都市左京区鞍馬本町 520
TEL ／ 075-741-2131
營業時間／ 10：00 ～ 21：00（露天風呂冬季結束時間為 20：00）、餐廳 11：00 ～ 20：00（會提早打烊）
公休日／全年無休（10 月 22 日的營業狀況必須事先詢問）
交通方式／從叡山鞍馬線「鞍馬」站可搭乘免費接駁巴士，每班電車出發或抵達都有班次
http://www.kurama-onsen.co.jp/　【p.65】

【地圖 B】　赤山禪院

〒 606-8036 京都府京都市左京区修学院開根坊町 18
TEL ／ 075-701-5181
參拜時間／ 9：00 ～ 16：30　參拜費用／免費
交通方式／從叡山本線「修学院」站步行 20 分鐘（或搭乘計程車 5 分鐘）、從地下鐵烏丸線「松ヶ崎」站搭乘計程車 7 分鐘、或搭乘市巴士至「修学院離宮道」、或「修学院道」站下車步行 15 分鐘【p.59】

妙圓寺（松崎大黑天）【妙円寺（松ヶ崎大黒天）】

〒 606-0943 京都府京都市左京区松ヶ崎東町 31
TEL ／ 075-781-5067
參拜時間／ 9：00 ～ 17：00（御朱印受理至 16：00）　參拜費用／免費
交通方式／從叡山本線「修学院」站步行 15 分鐘、從地下鐵烏丸線「松ヶ崎」步行 20 分鐘、或搭乘市巴士至「松ヶ崎大黒天」站下車步行 5 分鐘【p.59】

【地圖 C】　知恩寺（百萬遍）

〒 606-8225 京都府京都市左京区田中門前町 103
TEL ／ 075-781-9171　參拜自由
交通方式／從京阪鴨東線「出町柳」站步行 10 分鐘、或市巴士「百萬遍」站下車即達
【p.31、p.37】

吉田神社

〒 606-8311 京都府京都市左京区吉田神楽岡町 30
TEL ／ 075-771-3788　FAX ／ 075-771-2877　參拜自由

生活文化79

京都：冬季遊

おひとり京都冬のぬくもり

作者—柏井壽
譯者—王文萱
責任編輯—陳萱宇
主編—謝翠鈺
行銷企劃—陳玟利
封面設計—江孟達
美術編輯—菩薩蠻數位文化有限公司

董事長—趙政岷
出版者—時報文化出版企業股份有限公司
108019台北市和平西路三段二四〇號七樓
發行專線—（〇二）二三〇六六八四二
讀者服務專線—〇八〇〇二三一七〇五
（〇二）二三〇四七一〇三
讀者服務傳真—（〇二）二三〇四六八五八
郵撥—一九三四四七二四時報文化出版公司
信箱—一〇八九九 台北華江橋郵局第九九信箱

時報悅讀網—http://www.readingtimes.com.tw
法律顧問—理律法律事務所 陳長文律師、李念祖律師
印刷—勁達印刷有限公司
二版一刷—二〇二三年十月六日
二版二刷—二〇二三年十一月二十八日
定價—新台幣三八〇元
缺頁或破損的書，請寄回更換

時報文化出版公司成立於一九七五年，
並於一九九九年股票上櫃公開發行，於二〇〇八年脫離中時集團非屬旺中，
以「尊重智慧與創意的文化事業」為信念。

京都：冬季遊 / 柏井壽作；王文萱譯. -- 二版. -- 台北市：時報文化出版企業股份有限公司, 2023.10
面； 公分. -- (生活文化；79)
譯自：おひとり京都冬のぬくもり
ISBN 978-626-374-183-6 (平裝)

1.CST: 旅遊 2.CST: 日本京都市

731.75219 112012078

ISBN 978-626-374-183-6
Printed in Taiwan

《OHITORI KYOTO FUYU NO NUKUMORI》

Original Japanese edition published by Kobunsha Co., Ltd.
Traditional Chinese translation rights arranged with Kobunsha Co., Ltd.
through Future View Technology, Inc., Taipei.